ちくま新書

日本人の神道

――神・祭祀・神社の謎を解く

島田裕巳
Shimada Hiromi

1659

日本人の神道——神・祭祀・神社の謎を解く【目次】

はじめに　007

第1章　神とは何か　015
神道はいつから宗教ととらえられたのか／日本にはどれだけの数の神がいるのか／本居宣長が定義した日本の神／悪をもたらす存在は、神なのか／一神教の神と神道の神々の大きな違い／祈りのことばがない神道／祈る対象は何なのか／神道系の教団、天理教の場合

第2章　祭祀に現れる神　047
神道における祭祀の方法／神道の祭祀が行われた場所／沖ノ島の祭祀／古事記編纂より前に行われた祭祀／天皇にまつわる古事記の記述／八幡神と習合した応神天皇／中山みきの神憑りから始まった天理教／神と出会う場として選ばれた磐座

第3章　神はいつから神社に鎮座しているのか　079
神社の基本形／日本最古の神社建築／絵巻物に描かれた神社の社殿／「一遍聖絵」に描かれた神

社／神社に社殿が建てられていくプロセス／「神が社殿の中に常在している」といつから考えられたのか／神が神社によって独占されている？

第4章 神宮の式年遷宮はいつはじまったのか 111
なぜ二〇年に一度「式年遷宮」が必要なのか／式年遷宮はいつから始まったのか／なぜ天皇は、伊勢神宮を訪れていないのか／恐ろしい力を持った天照大神／正史に記述されている式年遷宮／二〇年に一度、神宝を奉納していた／式年遷宮、制度化の流れ

第5章 出雲大社の生き神・国造 143
神が社殿に閉じ込められる変遷／出雲大社の本殿の内部はどうなっているのか／出雲大社の神職、佐草自清の日記／生き神として扱われた出雲国造／出雲大社の本殿は、今よりかなり高かった？／なぜ、本殿をそこまで高くしたのか／出雲国造はどんな生活をしていたのか／出雲国造は、「天皇の聖性を補完する存在」だったのか？

第6章 神道と仏教の戦い 177
日本仏教の特徴／興福寺と春日神社の本地垂迹の関係／神道の持つ「祟りを鎮める役割」／神と

して祀られた菅原道真／疫病の流行が「祟り」と結びつく／祟りをもたらす人物が神となる／神として祀られた秀吉、家康／祈れば利益を与えてくれる存在となった神

第7章 社殿のない神社 211
怖れられなくなった神の存在／神の存在はこの世から消えたのか／「神は死んだ」／「教えがない」という神道の利点／神を狭い空間から解き放つ

あとがき 232

はじめに

日本に土着の宗教が「神道」である。

神道がいったいいつ生まれたのか、その起源は分かっていない。分からないほど、その歴史は古いとも言える。

その後の日本には、朝鮮半島や中国から神道とは異なる宗教が伝えられてきた。その代表が仏教ということになるが、仏教が最初に公に伝えられたのは六世紀のなかばとされる。時代としては古墳時代にあたる。

当初の段階で、仏教を受け入れるべきかどうかをめぐって豪族の間で議論が戦わされたとも伝えられるが、結局のところ仏教は日本の社会に定着し、日本人の精神性を形作る上で重要な役割を果たしてきた。

中世に入ると、神道と仏教は融合し、「神仏習合」という事態も生まれた。両者は複雑に絡み合い、日本人の信仰世界は大きく変容した。そうした事態は近代に入るまで続いたが、今日でもその影響は少なくない。日本人が日常的に神道にもかかわれば、仏教にもかかわるのは、その結果である。

朝鮮半島や中国からは、仏教のほかに、儒教や道教も伝えられた。ただし、この二つの宗教は、仏教とは異なり教団を組織しなかったこともあり、独立した体系的な信仰として日本社会に定着することはなかった。

それでも、道教では特有の神が信仰されており、それが取り入れられることもあった。あるいは、インドのヒンドゥー教で信仰される神々が、仏教を媒介にする形で取り入れられることもあった。当然、そうした神々の存在は、神道にも影響を与えた。

外来の宗教ということでは、キリスト教やイスラム教も日本に伝えられてきた。ただし、この二つの宗教は唯一絶対の神を信仰の対象とする一神教だということもあり、多くの神々を信仰対象とする多神教の神道と習合することはなかった。

最近の研究では、神仏習合という事態は日本だけで起こったことではなく、東アジア全般に見られるものであることが明らかになっている。東アジアの各国では、神と仏とが融合する現象が広く見られるのである（この点については、吉田一彦編『神仏融合の東アジア史』名古屋大学出版会を参照）。

ただ、日本の神道において注目されるのは、近代に入る時点で行われた「神仏分離」の結果、長く融合してきた神道と仏教が、それぞれ宗教として独立したことである。

そこには、神道の信仰を近代日本社会の核心に位置づけようとした明治新政府の意向が働いており、上から強制されたものであった。さらにその際には、仏教を排斥する「廃仏毀釈」も伴った。

つまり、神道と仏教は無理やり引き離されたのである。

それは、政府からの保護を受けられなかった仏教には大きな痛手となったが、神道は国からの援助を受ける立場となり、「国家の宗祀」と位置づけられた。

その点で、政府の政策の結果とも言えるが、神道は仏教からの独立を果たす。果たしてそれが神道にとって、あるいは仏教にとって好ましいことであったのかどうかについては評価が分かれるだろう。けれども、古代に遡る神道の信仰が、近代において宗教として独立を果たすことができたという事態は、世界の宗教史を考えたとき相当に注目される出来事である。

たとえば、一神教が広まった地域においては、それ以前に、さまざまな神々を信仰の対象とする多神教が広がりを見せていた。一神教は、それを駆逐し、また吸収することで定着を果たしてきた。

そうした地域において、かつての多神教を、今日の時点で独立させようと試みたとしたら、果たしてそれは実現できるものなのだろうか。具体的に考えれば、ヨーロッパにおいて、キリスト教が浸透する以前のケルトやゲルマンの宗教を、キリスト教以前の形で現代に蘇らせることは果たして可能なのかということである。

そこには、神道の特異なあり方が示されている。長く仏教と習合したため、その影響は受けてきたものの、本質的な部分はしっかりと保持されてきたのである。

その点で、神道は不思議な宗教である。また、その生命力は驚異である。日本の社会は、明治になって急速な近代化を果たす。戦後には高度経済成長を経験し、経済大国への道を突き進んできた。

その結果、東京などの大都市には超高層ビルが林立することになった。ところが、そうしたビルの足元には、昔から受け継がれてきた神道の小祠が祀られている。ビルの屋上に小祠が祀られている例も見られる。

現代と古代が融合し、その共存が違和感を持たせない。しかも日本人は、さまざまな機会に各地の神社を訪れ、古代から受け継がれてきた神々に祈りを捧げている。神道の信仰は、日本人の生活のなかに深く溶け込んでいるのである。

では、いったい神道とはどういう宗教なのだろうか。

この問いを立てたとき、それに答えるのは意外と難しい。

仏教についてなら、それはインドの釈迦という人物が悟りを開いた結果生まれた宗教であり、教えはかくかくしかじかであると説明できる。

ところが、神道になると、そもそも、それを開いた人物が存在しない。開祖、教祖がいないのだ。では、教えは何なのかと考えはじめても、それが簡単には浮かんでこない。

果たして神道に教えはあるのだろうか。神道における礼拝の施設としては神社があるわけだが、神社に詣でても、そこで神道の教えが伝えられることはない。

教えのない神道は、果たして宗教と言えるのだろうか。当然、そうした疑問も湧いてくる。

神道が宗教なのかどうかについては、これまでにもさまざまな形で議論されてきた。

ただ、「宗教」という概念自体、近代になって生まれたもので、それ以前には存在しなかった。宗教ということばはあったものの、それは宗派の教えを意味し、現在使われる宗教ということばとは意味が異なった。

宗教という概念の歴史は、神道の経てきた歴史に比べれば、はるかに短い。そのことも、神道を宗教としてとらえるべきかどうかに影響している。宗教という概念が確立されていない時代には、誰も神道が宗教であるとは考えなかったのである。

しかも、神道を国家の宗祀と位置づけた明治政府は、神道を宗教の枠の外においた。宗教であるなら信教の自由ということが問題になるが、宗教でなければ、それを強制しても、信教の自由を侵害したことにはならないからだ。

戦後は、そうした政策は廃止され、神道は仏教やキリスト教と同じように宗教としての扱いを受けるようになった。それぞれの神社は宗教法人として認証されており、その点では間違いなく宗教の一つである。

しかしそれでも、神道を宗教の一つとしてとらえることに対して違和感を持つ人は少なくない。宗教という概念も、西欧から伝えられたものであるために、あくまでキリスト教がモデルになっている。キリスト教と神道では、ともに神を信仰の対象とはしているものの、その性格は大きく違う。キリスト教の教会と、神道の神社ではその雰囲気からして相当に違いがある。

神道は宗教なのだろうか。それとも、たんなる生活上の慣習、風習なのだろうか。

そうした議論を含め、神道の本質はいったいどこに求めたらよいのだろうか。神道は、私たち日本人にとってどのような意味を持つものなのだろうか。

神道ということを問題にしたとき、考えるべきことは多い。神道の場合には、教えがないこともあり、とくに神社が重要な意味を持ってきた。神社とは何なのか。そこにはどういった歴史があるのだろうか。

神道の場合には、仏教やキリスト教と異なり、聖典が定められているわけではない。聖典の代わりをするのが、『古事記』や『日本書紀』に記された神話である。神社のなかには、神話に登場する神を祭神としているところも少なくない。

さらに、神話は、現在の憲法では国の象徴と規定されている天皇にも結びついていく。なぜ天皇が象徴なのか。その根源にまで遡るならば、神話の存在は決定的に重要な意味を持っている。

私たちは日頃、神道とかかわりを持っているにもかかわらず、神道について、あるいは神社について考えることはさほど多くはない。その点では、日本人は無自覚な形で神道を信仰しているとも言える。

もちろん、現実にはそれでさほど問題は起こらないのだが、神道や神社について考えることは、日本人の精神性が何かを明らかにすることに通じる。「日本人の神道」を理解することは、今十分に意味のあることなのではないだろうか。

第1章

神とは何か

†神道はいつから宗教ととらえられたのか

「神道」ということばの歴史は古い。

「日本書紀」の第三一代用明天皇の条に、「天皇信仏法尊神道」とある。これは、「天皇は仏法を信じ、神道を尊びたもう」と読み下される。

現在使われている意味で「仏教」ということばが用いられるようになるのは、「はじめに」でも述べたように、近代に入り、「宗教」という概念が西欧からもたらされてからである。それまで仏教ということば自体はあったものの、仏の教えという意味であり、宗教としての仏教をさすものではなかった。むしろ、日本書紀にもあるように、仏法や仏道ということばの方が広く使われていた。

それに対して、神道ということばの方は、古代から変わらずに用いられているようにも見える。

しかし、用明天皇の時代には、宗教という概念が存在しなかったわけで、神道ということばは、神そのものやその力に対する信仰を意味していた。当時の神道に似たことばとしては、「本教」「神習」「神教」「徳教」「大道」「古道」などがあげられる。

その後も、神道をさすことばとして、「惟神《かんながら》」をはじめ、さまざまなことばが用いられた。ただし、ここで注意しなければならないのは、近代に入るまで宗教という概念が成立していないのだから、神道が宗教の一種としてはとらえられていなかったことである。

今の私たちは、宗教という概念を知っており、神道も宗教の一種であるというとらえ方をする。そのため、宗教という概念が成立する前の時代に、私たち日本人が神道をどういうものとしてとらえていたかを明確にイメージすることが難しい。神道は宗教なのかどうかという議論が巻き起こるのも、そうしたことが関係する。少なくとも、古代から近代に入るまで、宗教という概念が存在しない以上、神道は決して宗教の一つとしてはとらえられていなかったのである。

世界にはさまざまな国があり、民族が存在する。そうした国や民族のなかに、宗教を持たないところはないと言われる。

ただし、世界に存在する主要な宗教の数は限られている。現在、キリスト教が信者の数としてはもっとも多く、それに次ぐのがイスラム教である。この二つの宗教で、世界全体の半分を占める。

以下、ヒンドゥー教、中国の民間宗教（儒教や道教、そして仏教が混淆したもの）、仏教の順に信者の数が多い。これが全体の四分の一を占め、残りはその他の宗教、それに無神論、無宗教である。その他の宗教には、ユダヤ教やシク教、そして神道などが含まれる。

こうしたなかで、神を信仰対象としない宗教というものはない。仏教は、釈迦の悟りに近づこうとする宗教であり、神への信仰が核心に位置づけられているわけではない。だが、インド土着のヒンドゥー教の影響もあり、神への信仰もそこには含まれている。仏も、信仰の対象になっている点で神に近い。

まったく神を信仰しないのは無神論や無宗教である。無神論は神の実在を否定するものだが、無宗教となると、日本人もそうだが、特定の宗教教団には属していないということで、神への信仰を否定しない場合も少なくない。したがって、世界中のほとんどの人たちが、何らかの形で神を信仰していると言うことができる。

その際、「一神教」と「多神教」に区別されるのが一般的である。

一神教はユダヤ教に発するもので、その伝統はキリスト教とイスラム教に受け継がれた。一神教においては、ただ一つの神を信仰することが勧められ、他の神々への信仰は戒められる。信仰の対象となる神は、この世界を創造した創造神であり、その神が唯一絶対であることが強調される。

これに対して、多神教においては、多くの神々が信仰の対象になる。神々のなかに、世界を創造する役割を果たす神も含まれることがあるが、その役割は限定的で、唯一絶対の存在とは見なされない。それぞれの神は独自の役割を果たし、全体で一つの体系をなしている。

ただ、一神教の場合にも、キリスト教やイスラム教には聖人崇拝（崇敬）というものがあり、聖人は、信仰の対象となり、人々を救う役割を果たす点で多神教の神々に近い。その点で、一神教のなかにも多神教的な側面が見られるということになる。だが、創造神としての神と聖人とのあいだには決定的な隔たりがあるとも考えられている。

神道では、八百万の神々が信仰の対象になっており、その点で多神教の典型である。八百万というのは、神々が八百万柱存在していることを意味しているわけではなく、数が非常に多いという意味である。なお、神を数える際には、「柱」が単位として用いられる。

では、具体的に日本ではどれだけの数の神々が信仰されているのだろうか。

†日本にはどれだけの数の神がいるのか

まず、神話に登場する神々について考えてみよう。

古事記の上巻には、全部で二六七柱の神々が登場する。神のなかには、別名を持つものもある。たとえば、「造化三神《ぞうかさんしん》」の一つとされる高御産巣日神《たかみむすひのかみ》には高木神《たかぎのかみ》という別名がある。大国主神《おおくにぬしのかみ》ともなると、大穴牟遅神《おおなむちのかみ》、葦原色許男神《あしはらしこのおかみ》、八千矛神《やちほこのかみ》、宇都志国玉神《うとしくにたまのかみ》と別名が多い。別名があっても、それぞれを一つの神として数えた結果が二六七柱である。なお、古事記の中巻に一柱の神が登場するので、総計は二六八柱である。

一方、日本書紀は本文とは別に、「一書《いっしょ》」というものがある。一書は、本文として記されたのとは別の伝承であり、もっとも多い箇所では一一もの一書が列挙されている。これは、ある事柄について異なる伝承がいくつも存在したということだが、一書が具体的にどういう文献史料をさすのかは明記されていない。

日本書紀の本文に登場するのは六六柱の神々である。そして、一書には一一五柱の神々が登場する。総計は一八一柱である。古事記よりも数が少ない。

古事記と日本書紀では、それぞれの神の表記の仕方が異なっている。たとえば、古事記では天照大御神だが、日本書紀では天照大神となっており、別名としては大日孁貴神《おおひるめのむちのかみ》とある。

古事記と日本書紀で共通する神の数は、日本書紀の本文では五六柱、一書では五九柱である。古事記の神の数に、日本書紀に独自な神の数、五九柱を足すと三二七柱となる。八百万ということばと比較したとき、三二七柱という数はあまりに少ない。だが、日本で祀られている神々は、古事記や日本書紀に登場するものだけには限られない。

多くの神社を包括している神社本庁傘下の神社の数としては、八幡神社がもっとも多い。それに次ぐのが天神や稲荷を祀る神社だが、どちらの祭神も神話には登場しない。

しかも、日本の神々の場合には、「勧請《かんじょう》」と「分霊《ぶんれい》」ということが行われる。これは、一つの神の霊を分割し、別の場所に祀ることを意味する。つまり、ある神は、一つの場所だけで祀られるのではなく、さまざまな場所で祀られている。勧請や分霊には、それを行うための祭祀が伴うが、必ずそれが行われるわけではない。その結果、同じ神が日本全国で祀られることになった。

同じ神ならそれを一つに数えるのか。それとも、祀られた数だけ神が存在すると考えるのか。これは、なかなか難しい問題である。

こうしたこととは別に、靖国神社の祭神のことがある。靖国神社では、幕末以降、戦争で命を落とした戦没者を中心に祭神として祀ってきたが、その数は二四六万六五八四柱に及んでいる。靖国神社が生まれたことで、日本の神の数は飛躍的に増加したとも言える。

一神教の創造神は、世界全体を生み出した存在であり、人間よりもはるかに強い力を持っている。人間の側は、神に対して直接働きかけることは難しく、その意志や行動を変えることはできない。

ところが、日本の神の場合には、人間がそれを祀るもので、どういった神をどこに祀るかは人間の側に任されている。したがって、現在においても、誰かが発案し、行動に出るなら、新たに神を祀ることはできる。神の数が増えていくのも、そうした仕組みが存在しているからである。

しかも、神を祀る上で、どこかから許可を得る必要はない。宗教法人として認証されるには、一定の条件を満たしていなければならないが、自らの所有する土地に社を建て、神を祀るというのであれば、どこからも許可を得る必要はない。

日本の神道の世界では、神を祀る自由が確保されているわけである。

その点では、一神教における神と、日本の神とは性格が根本的に異なっている。一神教の神は創造神であり、人間もまた神によって創造された。したがって、「被造物」とも呼ばれる。神は絶対の権限を持ち、人間の命をも左右する。旧約聖書の「創世記」には、ノアの箱舟の話が語られているが、自らが創造した人間が、神の意志に背き、堕落していると判断されたとき、神は大洪水を引き起こし、ノアの家族と動物たちを除いて、人間を一掃してしまった。

日本の神々にはそうした力が備わっているとはされていない。伊邪那岐命《いざなぎのみこと》と伊邪那美《いざなみの》命《みこと》は「国生み」を行い、日本の国土を作ったが、人間を生み出したわけではない。日本の神々が、一神教の神のように、圧倒的な力をふるうことはない。その行動の仕方はかなり人間的なものである。

伊勢神宮に祀られる天照大神は、皇室の祖先神とされるものの、日本人全体の祖先神というわけではない。天照大神は、瓊瓊杵尊《ににぎのみこと》に天孫降臨を命じ、この国の国土を意味する葦《あし》原中国《はらのなかつくに》を統治させるが、それ以降、自らは国の経営に介入することはほとんどなかった。

一神教の神と神道の神は根本的に違う。果たして両者に同じ神ということばを使っていいものなのか。そうした疑問さえ湧いてくる。

†本居宣長が定義した日本の神

江戸時代に日本の神の定義を行ったのが、国学者の本居宣長である。伊勢松阪の商家に生まれた宣長は商売には向いていなかったようで、母親の勧めで京都に遊学する。医学と

賀茂真淵　　本居宣長

儒学を学ぶためだった。

　故郷に戻ってからは医師を生業とするようになるが、一方で、古典文学の研究に勤しみ、『源氏物語』の研究と講義を行った。宣長は、『源氏物語』を読み進めていくなかで、古代の日本人の精神性を「もののあわれ」というところに求めた。宣長は、中国から取り入れられた儒教や仏教の考え方を「漢意《からごころ》」として排することによって、日本人の本来の精神性を明らかにすることをめざした。

　宣長に大きな影響を与えたのが、やはり国学者の賀茂真淵だった。宣長は真淵から、変体漢文で記されているため、当時は十分に読むことができなくなっていた古事記の読解に取り組むことを勧められ、それを実践する。

その成果は「古事記伝」全四四巻にまとめられた。

宣長は、その「古事記伝」巻三の最初の部分で神の定義を行っている。なお宣長は、神のことを「迦微《かみ》」と表記している。

凡《すべ》て迦微とは古《いにしえの》御典等《みふみども》に見えたる天地の諸《もろもろ》の神たちを始めて、其《それ》を祀れる社に坐す御霊《みたま》をも申し、又人はさらにも云《い》はず、鳥獣《とりけもの》木草のたぐひ海山など、其与何《そのほか》にまれ、尋常《よのつね》ならずすぐれたる徳《こと》のありて、可畏《かしこ》き物を迦微とは云なり。

宣長はここで、神を三つの種類に分けている。

一つは、古御典、つまりは古事記などの神話に登場する神々のことである。

もう一つは、各地の神社に祀られている神々である。宣長が、両者を区別しているのは、すでに述べたように、神社に祀られる祭神のなかには、古事記に遡るものもあれば、そうではないものもあるからである。

さらに宣長は、人、鳥獣、草木、海山などであっても、優れた徳のあるものについては神に含めている。

平田篤胤

宣長は、これに続けて、「すぐれたるとは、尊きこと、善きこと、功《いさお》しきことなどの、優れたるのみを云に非ず、悪《あし》きもの、奇《あや》しきものなども、よにすぐれて可畏《かしこ》きをば神と云なり」と注記し、「すぐれたる」が何を意味するか補足して説明している。すぐれているという場合、貴いとか、善いとかいうことがすぐに頭に浮かぶが、それだけではなく、その反対に悪いもの、不思議なものであっても、通常のものより何らかの点で勝っていれば、それは神だというのだ。

宣長の死後にその弟子となった平田篤胤は、幕末が目前まで迫っていた天保一四（一八四三）年まで生きたこともあり、海外の宗教であるキリスト教についても関心を持っていた。しかし、宣長にはそういった関心はなかった。宣長は、あくまで日本のことに限定して神を考えている。

現代の若者ことばに、「神」あるいは「マジ神」というものがある。若者の使う神ということばは、信仰対象を意味するものではなく、素晴らしい人物や作品のことをさす。マジ神も、本当に素晴らしいという意味である。こうしたことばは二一世紀に入って使われるようになったものだが、宣長の定義する神は、これにかなり近いのかもしれない。

宣長のとらえ方で興味深いのは、補足の部分にもあるように、善いものだけではなく、悪いものも、それが他のものより何らかの点で勝っていれば、それを神としたところにある。宣長の神は、一神教の神とは異なり、絶対の善ではない。悪にもなりうる存在としてとらえられているのである。

こうした神についてのとらえ方は、「善悪二元論」として考えることができる。善悪二元論は、ペルシアに生まれたゾロアスター教やマニ教の特徴でもあり、その利点は、なぜこの世界に悪が存在するか、その理由を説明しやすいところにある。世の中に起こる善い出来事は善なる神によるもので、悪い出来事は悪なる神によるものだと説明できるからである。

これに対して、神の絶対性を強調する一神教では、善なる神が創造した世界に悪が存在することの理由を説明するのが難しい。とくにキリスト教においては、その難問をいかに解くかで悪戦苦闘してきたところがある。

†悪をもたらす存在は、神なのか

宣長は、この世において悪をもたらす神として「禍津日神《まがつひのかみ》」の存在を想定している。「古事記伝」巻六では、「貴きも賤きも善《よき》も悪《あしき》も、死ぬればみな此ノ夜見ノ国に往」くとし、「世ノ中の諸の禍事《まがごと》をなしたまふ禍津日ノ神は、もはら此ノ夜見ノ国の穢より成坐るぞかし」と述べている。さらに、「世間にあらゆる凶悪事邪曲事《あしきことよこしまなること》などは、みな元は此ノ禍津日ノ神の御霊より起こるなり」としている。

高貴な人物であっても、卑しい悪人であっても、死ねば誰もが黄泉国（夜見ノ国）に行く。この世のなかで起こる悪いことはみな、黄泉国の穢れから生まれた禍津日ノ神の仕業だというのである。

古事記では、伊邪那美命を追って黄泉国へ行った伊邪那岐命が、そこから戻ってきて、黄泉国の穢れを祓ったときに、八十《やそ》禍津日神と大禍津日神の二柱の神が生まれたとされている。宣長は、この二柱の神を総称して禍津日ノ神と呼んでいる。

宣長が後世に与えた影響ははかり知れないほど大きい。古事記に対する宣長の注釈の作業は、現在でも十分に通用する。宣長の「古事記伝」がなかったとしたら、古事記についての理解は十分に進まなかったかもしれない。

宣長による神の定義にしても、それは日本の神々の世界の特徴を巧みに表現している。日本の神は、一神教とは異なり、世界を創造するような絶対的な存在ではない。そして、悪をもたらす存在であっても、その働きが著しいものであれば、それは神だというのである。

たとえば、皇祖神とされる天照大神の場合、岩戸隠れの物語に示されているように、太陽神としての性格を持っている。岩戸隠れは、日蝕がもとになっているものと考えられる。その点では、皇祖神というだけではなく、太陽として世界に恵をもたらす存在であるということになる。

しかし一方で、古事記の仲哀《ちゆうあい》天皇についての記事では、皇后である神功皇后に神憑《かみがかり》し、自らの命令に対して逆らった天皇の命を奪っている。

日本書紀によれば、天照大神は伊勢の神宮に祀られるようになる前の段階では、宮中に倭大国魂神《やまとのおおくにたまのかみ》とともに祀られており、それによって疫病が起こり、百姓が離反するという出来事が起こったとされる。宮中から遠い伊勢に祀られたのも、天照大神が疫病という悪をもたらす神だったからだと考えられる。

こちらは、古事記や日本書紀には登場しない神だが、大分県の北部に鎮座する宇佐神宮の祭神である八幡神も、現在地に祀られるようになるまでいくつかの場所を転々とし、その間には、八幡神のこころが荒れて、多くの人間を殺したと伝えられる。

祟りを起こしたとされる人物が神として祀られた例としては北野天満宮の菅原道真のことがよく知られている。祀られた結果、道真の霊は次第に鎮まっていったが、祀られていない間には多くの凶事をもたらした。

天照大神や八幡神といった有力な神の場合、道真の霊と同じように、一面では祟り神としての性格を持っている。祟るほど威力のある神だとも言える。宣長が定義したように、日本の神は善をもたらすだけではなく、悪をもたらす存在でもあるのだ。

そのことは、実は一神教の神についても言えることかもしれない。

一神教は、ユダヤ教からはじまり、キリスト教とイスラム教に受け継がれていったわけだが、キリスト教がユダヤ教の改革運動としてはじまったところに示されているように、ユダヤ教の神とキリスト教の神は同じものである。イスラム教の場合にも、アッラーとは、旧約聖書の「創世記」に登場するアブラハムに、その子どもイサクを犠牲に供するよう命じた神のことである。つまり、三つの一神教では、同一の神が信仰の対象になっていることになる。

その神は、すでにふれたように、大洪水を引き起こし、自らが創造した人間や動物のほとんどを地上から一掃してしまった。選ばれ、残されたノアの家族にとっては、それは堕落した人間をこの地上から葬り去るという点で好ましいことかもしれない。だが、一掃された側からすれば、神は自分たちに悪をもたらしたことになる。

それが善であるか、それとも悪であるかの判断は、立場によって異なる。神が善なる存在なのか、それとも悪をもたらす存在なのかの判断も同様である。問題は、善にしても悪にしても、神はそれをもたらす際に絶大な力を発揮するということである。

もう一歩踏み込んで考えたみたい。

†一神教の神と神道の神々の大きな違い

たしかに、一神教の神と、神道の神々では、その性格に大きな違いがある。神道の世界には、世界を創造した絶対的な神は存在しない。

古事記では最初に、後に「造化三神」と呼ばれるようになる天之御中主神《あめのみなかぬしのかみ》、高御産巣日神、神産巣日神《かみむすひのかみ》が登場するものの、この三柱の神は、現れたとされるだけで、そのまま身を隠してしまう。高御産巣日神になると、後に天照大神とともに天孫降臨を命じることになるが、天之御中主神などは最初に出現した神であるにもかかわらず、何もしないまま身を隠し、その後は、どこにも現れない。

これに対して、伊邪那岐命や伊邪那美命、あるいは、この二柱の神から生まれた天照大神や須佐之男命《すさのおのみこと》ともなると、それぞれが意志を持ち、それに従って行動するようになる。「人格神」と言うと、自らの意志にもとづいて世界を創造し、その世界を支配する一神教の神だけをさす場合もある。しかし、人格を持つ神をすべて人格神としてとらえる見方もあり、神道の神々もそれぞれが人格神であると考えることができる。

神がそれぞれに一つの人格を持っているということは、一神教の神でも神道の神々でも共通している。

キリスト教では、神の子とされるイエス・キリストが、人としての性格と神としての性格を併せ持っているかどうかをめぐって議論が戦わされ、正統的な解釈と異端的な解釈とに区別された。さらには、人としての性格と神としての性格が分かれてイエスのなかにあるのか、それともそれが一つに統合されているのかをめぐっても議論になった。

これは、キリスト教における神学上の難問でもあるが、イエスは父なる神や聖霊とともにに三位一体《さんみいったい》を構成するとされ、神が唯一の存在であるという形は保たれた。唯一の神は、一つの人格を持つものであり、複数の人格を持つものではない。

こうした議論があるので、神については人格ということばを使うことが難しくなるが、仮にここでは、人格に代わって「神格」ということばを用いることにする。

一神教の神は、ただ一つの神格を持っている。一方、日本の神話において高天原《たかまがはら》を荒らし回った須佐之男命も、神格としては一つである。悪をもたらすとされる禍津日ノ神の場合には、二つの種類があるわけで、それぞれが一つの神格を持ち、悪をもたらすと見ることができる。

神格を一つしか持たないという点では、一神教の神も、神道の個々の神々もまったく同じである。そうした機会がめぐってくるとは考えにくいが、アッラーと須佐之男命が対話するということだってあり得るわけである。

そう考えたとき、一神教の神と神道の神々をまったく別のものとして考えていいかどうかが問題になってくる。

✝祈りのことばがない神道

その点についての考察をさらに深めていこうとするとき、神道の神々の祀り方ということを問題にする必要がある。

私たちは、神道は多神教の宗教であると考える。たしかに、これまでも見てきたように、日本ではさまざまな神々が祀られている。それをさして八百万の神々という表現が用いられてきた。

そして私たちは、そうした多神教と一神教とではまるで性格が違うものと考えている。一神教は、自分たちとは縁遠いものだという意識もある。

しかしどうだろうか。

私たちが神社に赴いて祈りを捧げるとき、どのような思いが浮かんでくるものなのだろうか。それは、神社でなくてもいい。家にある神棚に向かって祈る場合でもいい。

祈るというとき、宗教によってそのやり方は異なる。キリスト教であるなら、「天におられるわたしたちの父よ（天にましまず我らの父よ）」ではじまる「主の祈り」と呼ばれる祈りのことばを唱える。

イスラム教なら、まず「神は偉大なり」と唱え、次に、コーランの冒頭にある開扉の章などを唱える。

では、私たちは神社の社殿や神棚の前で、祈る際にどういったことばを唱えるのだろうか。

神社では、参拝の仕方について掲示されていることがある。二礼二拍手一礼を行うというものだ。

しかし、何を唱えればいいのか、祈りのことばについては何も指示されていない。

仏教の寺院の場合、それが真言宗であれば、密教の信仰が核になっているため、祀られた仏像に対して唱える「真言」が示されていたりする。天台宗でも密教が取り入れられているので、同様のことはある。だが、密教以外の仏像に対しては、唱えることばは示されていない。その点では神社と同じだ。

祈りのことばが存在しないということは、私たちは、祈る対象というものを、つまりは神、あるいは仏ということになるが、個体としては意識していないことになる。寺院では、仏像が本尊になっており、それにむかって祈るわけで、ことばはないにしても対象は意識される。

ところが、神社だと、祈りの対象となる神体は、本殿の扉のなかにある。神体は通常鏡ということが多いが、参拝者はそれを見ることができない。したがって、神体も意識にはのぼってこない。神道の祈りは無対象である。

一神教は偶像崇拝ということを否定するが、その傾向は、キリスト教ではかなり緩和されている。だからこそ、多様なキリスト教美術が発展してきたわけだが、ユダヤ教やイスラム教では、禁止はかなり厳しい。

圀府寺司《こうでらつかさ》『ユダヤ人と近代美術』（光文社新書）によれば、そうした点があるからこそ、ユダヤ人の間で美術活動は盛んではなかったという。それと関連することだが、エルサレムの「嘆きの壁」で祈っているユダヤ教徒に、何を脳裏に浮かべて祈っているかと聞くと、「何も具体的イメージが浮かばないよう様々なイメージを混ぜながら祈っている」という返事が返ってくるという。

日本人が神社や寺院で祈るとき、そうしたある意味面倒な手立てを講じることはない。日本には「無心」ということばがあり、そうした心境で祈ればそれで済むからだ。

無心で祈るならば、祈りの対象がどういったものであろうと少しも構わないということになる。

少なくとも、私たちが神社で祈りを捧げるとき、そこに祀られているとされる祭神について、その存在を思い浮かべることはほとんどない。祭神が何かを知らない人もかなりの数にのぼるはずだ。

正月の初詣客がもっとも多いのは、東京の明治神宮である。そこには祭神として明治天皇夫妻が祀られている。境内にはあちこちに、明治天皇の詠んだ和歌、「御製《ぎょせい》」が掲げられている。それでも、明治神宮の社殿の前で祈るとき、明治天皇の存在を意識する人はほとんどいないはずだ。

重要なことは、たとえそうであっても、誰もそれを問題にしないということである。つまり、神社では祈るという行為自体が重要であり、対象が何かは問題にされないのだ。

†祈る対象は何なのか

ということは、神社において私たちは特定の神に祈っているわけではなく、神一般に祈っていることになる。祈りのことばがなく、無心で祈っているのだとしたら、神の存在自体意識にはのぼっていないことにもなる。

この点に関連して興味深い考察を行っているのが、宗教学者で民俗学者の原田敏明であった。原田については、拙著『日本人の神はどこにいるか』（ちくま新書）でふれたことがある。

原田は、民俗学の開拓者であった柳田國男に対して批判的で、柳田が、氏神を祖先神としてとらえたのに対して、氏神は決して家の神ではなく、地域の神であるとした。氏神が地域の神である以上、その地域のなかに二つの社があることはあり得ない。原田は、「要するに一つの氏子集団には一つの氏神があって、しかもただ一つに限るのである」と述べていた。

その上で原田は、それを祀る氏子にとって、氏神は絶対の存在であるとし、氏神は「至上神でもあり、唯一神でもある」とさえ述べていた。

原田の表現の仕方はかなり極端なものだが、氏神を祀る地域の氏子集団のレベルにおいては、氏神以外に神は存在しない。それは、地域を限った形での一神教である。それも、神道の神が、表面的には神名で区別されるものの、本質的には一つの存在であることを意味する。その点で、神道の神と一神教の神とは必ずしも異なるものではないのかもしれないのだ。

多神教の神々は、それぞれが個性を持ち、神話や伝説のなかでさまざまな活動を展開する。しかし、それが祭神として祀られたとき、その個別性はさして問題にはされない。そうした神に祈りを捧げる人間の側には、神々を区別してとらえる視点が欠けている。

初詣に出かけるというとき、祭神の違いによって詣でる先を選ぶことはほとんどないのではないか。自分の住んでいる地域の氏神に詣《まい》りにいくか、有名な神社に出かけていく。そして、社殿で祈りを捧げるときには、祭神を意識しないのである。

平安時代の延長五（九二七）年に作成された格式に「延喜式《えんぎしき》」がある。当時は律令が社会的な規範となっていた。大宝律令や養老律令である。そうした律令の規定をどのように実際に施行するかを記したものが格式である。

延喜式は全五〇巻からなるものだが、最初の一〇巻は、祭祀を司る役所である神祇官関係の式である。そして、巻九と一〇は各地で祀られていた公の性格を持つ官社の一覧であり、それは、「延喜式神名帳《じんみようちよう》」と呼ばれる。

延喜式神名帳では、国別、さらには郡別に神社が列挙されている。たとえば、山城国葛野《かどの》郡（現在の京都市の一部）を例にあげれば、その地域で祀られた神々は二〇に及ぶとされている。そして、それぞれの神社の名前があげられているのだが、祭神については言及されていない。

葛野郡でよく知られた神社としては、松尾大社、梅宮大社、平野神社などがあげられる。そのうち、松尾大社については、「松尾神社二座」という形で記されている。これは、松尾大社で二柱の神を祀っていることを意味する。現在の松尾大社の祭神は大山咋神《おおやまくいのかみ》と中津《なかつ》島姫命《しまひめのみこと》である。これが二柱の神に相当するものと考えられるが、延喜式神名帳では、そうした祭神の名は示されていない。神名帳と呼ばれてはいるものの、神名はあげられていないのである。

神の名が重要であるなら、それぞれの神社の祭神について記されているはずである。ところが、そうはなっていない。それは、一つの可能性としては、祭神の名をあげることが何らかの理由ではばかられたと考えることもできる。

ただ、延喜式神名帳の筆頭に掲げられた宮中で祀られた神々については、神産日神など神名が示されているので、そのように考えるわけにはいかない。となると、祭神が何かは重視されなかったと考えられるが、そもそも個々の神社においてそれ固有の祭神が定められていなかったと見た方がいいだろう。

神名があげられていないことについて、延喜式神名帳では何の説明も施されていない。したがって、その理由は推測するしかないが、当時重視されたのは、もっぱら神を祀る神社の場所であったと考えられるのではないか。

現在では、どの神社でも、特定の祭神が定められている。したがって、私たちはそれが昔からの伝統であるととらえている。

たしかに、古事記や日本書紀では、特定の神がある場所に祀られるまでの経緯が記されていることはある。大物主命《おおものぬしのみこと》が大和の三輪山に祀られるまでの経緯は三輪山伝説と呼ばれるが、記紀の崇神天皇の条に見られる。あるいは、日本書紀の垂仁天皇の条では、天照大神が伊勢に祀られるまでの経緯が語られている。

しかし、延喜式神名帳が編纂された平安時代中期には、必ずしも個々の神社に特定の祭神が祀られているわけではなかった。祭神が明確なのは一部の神社に限られたのである。

現代の私たちが、神社で祈りを捧げるとき、祭神のことを意識しないのも、こうした古代の伝統が生きているからだ。古代の人々は、八百万の神々をそれぞれの神社で個別に祀っていたわけではない。ただ、「神というもの」を個々の神社で祀っていた。あるいはその土地の神を祀っていたと見ることもできる。ここにも、一神教との類似性を見ることができる。

天理教本部神殿

†神道系の教団、天理教の場合

こうした点を考える際に、注目する必要があるのが天理教の場合である。

天理教は、民衆宗教、あるいは新宗教の先駆けとしてとらえられているが、教派神道の一派とした公認された。その点で神道系の教団である。

教祖となった中山みきは神憑りをくり返し、神のことばを伝える役割を果たすようになるが、彼女を中心とした集団は幕末の一時期、京都の吉田家の傘下に入ったこともあり、吉田神道の影響を受けている。

当初、みきに降った神は天輪王神《てんりんおうのかみ》などと呼ばれており、そこには仏教の転輪王信仰の影響が見られる。転輪王は釈迦の伝説に由来するもので、地上を支配する神聖な王を意味する。

天理教の神名が現在と同じ天理王命と定まるのは明治一八（一八八五）年のことだった。このとき、神道諸派を結集した神道本局傘下の六等教会として認可されたのだが、教団名は明治五（一八七二）年に、明治政府が神道を宣教するために設けた教部省が示した「三条の教則」のなかにあった「天理人道ヲ明ニスヘキ事」に由来するものと考えられる。

天理教の教会本部は奈良県天理市にあり、それは三〇〇〇畳敷きの巨大建築だが、もとはみきが嫁ぎ、神憑りをくり返した中山家の屋敷だった。天理教には独自の神話があり、そこは人類発祥の地であるとされる。

ただし、天理王命は創造神であるというわけではない。泥の海からはじまった創造の過程の最後に生み出されたのが、神のやしろとなったみきだというのである。

ここで注目されるのが、現在の天理教の教義にある「十柱の神」である。「十柱の神」とは、泥の海からの創造神話にも出てくる神々の名であり、くにとこたちのみこと、をもたりのみこと、くにさづちのみこと、月よみのみこと、くもよみのみこと、かしこねのみこと、たいしよく天のみこと、をふとのべのみこと、いざなぎのみこと、いざなみのみことからなっている。これはどれも古事記や日本書紀に登場する神々である。天理教では、それぞれが個々に独立した神ではなく、全能の神である天理王命の一〇の働きを示したものとされている。

ここでは、神そのものと、その神の働き、機能とが区別されている。天理王命は、「親神」とも呼ばれる。それが天理教における中心的な神である以上、さまざまな働きをするわけだが、たとえば、人間の眼、あるいは水の守護の役割を果たすのがくにとこたちのみことである。ほかの九柱の神々も、それぞれが独自の役割を果たしている。

こうした天理教における神のあり方は、一神教と多神教が融合したものととらえることができる。唯一の神は天理王命だが、それは、一〇の重要な役割を果たしており、働きの面では一〇柱の神が存在するのと同様なのである。

これを神道全体にあてはめて考えてみるならば、信仰の対象となる神は唯一であり、それは特定の名前を持たない存在であるが、人々にさまざまな利益を与えるという多様な役割を果たしており、その役割に応じていくつもの神が祀られているというわけである。

神社のあり方にも、そうした点は示されている。

神社では、主たる祭神が本殿に祀られているが、配神《はいしん》という形で別の神々が祀られていることもある。あるいは、神社の境内には各種の摂社《せっしゃ》、末社《まっしゃ》があり、それぞれの小祠《しょうし》において異なる機能を果たす神々が祀られている。

そこには、「一」と「多」という組み合わせが成立している。キリスト教では、神と子と聖霊からなる三位一体が神秘とされ、教義として定められているが、これはそれに似ている。神は一であって多である。その点では、神道はキリスト教と似た部分を持っていることになる。

こうした点を踏まえるならば、神道を単純に多神教としてとらえるわけにはいかなくなる。また、神道の神を、一神教の神とはまったく別のものとしてはとらえられなくなる。

神道における神も、本質的には一つなのではないか。重要なのは、固有の名称を持つ個別の神々ではなく、名前のない神そのものなのである。

私たちが明治神宮に詣でて祈る神は、祭神としての明治天皇夫妻ではなく、神そのものである。それは、靖国神社に詣でたときも、京都の八坂神社に詣でたときも変わらない。

次の章では、そうした神を祀る祭祀について考えてみたい。

第2章 祭祀に現れる神

†神道における祭祀の方法

神を祀ることが祭祀である。

私たちが神社を訪れたとき、拝殿の前まで進み、そこで拝礼を行う。拝殿の奥には本殿があるのが一般的で、祭神は本殿の御神体に宿るものと考えられている。

これとは別に、「正式参拝」と呼ばれるものがある。それは拝殿のなかまで入り、そこで神職に祈禱してもらうものである。これを受けるには祈禱料をおさめなければならない。

正式参拝では、拝殿に昇殿した後、神職から「修祓《しゅばつ》」を受ける。これは、参拝の前に行われる祓いで、神職は祓詞《はらえのことば》を唱えながら大麻《おおぬさ》で参拝者を清める。これで準備が整い、参拝者は神前へと進む。

神職が祝詞《のりと》を唱えた後、参拝者は「玉串奉奠《ほうてん》」を行う。玉串は榊の小枝に紙垂《しで》をつけたもので、参拝者は玉串の根本を神前に向けて捧げる。

こうした祭祀の方法は、明治八（一八七五）年に式部寮《しきぶりょう》が編纂した「神社祭式」で定められたものがもとになっている。式部寮は、明治時代の太政官制度のもとに生まれた役所で、各種の儀式を司った。

その点で、今日行われている神社での参拝の仕方は、必ずしも古代から受け継がれた伝統的なものとは言えない。近代に生まれたものであり、また、かなり簡略化されたものとも言える。

社前での礼拝であっても、昇殿しての正式参拝であっても、私たちは立ったままそれを行う。

しかし、立ったまま神に相対するというのは、かなり失礼なことになるのではないか。そういう疑問が湧いてくる。実際、以前は神を拝むとき、人々は神の前にぬかずいてそれを行っていた。

その証拠がある。

伊勢神宮の場合、皇祖神を祀る特別な神社であるということで、当初天皇以外に奉幣《ほうへい》は禁じられていた。しかし、時代が進むにつれて、その範囲は拡大され、江戸時代になると、庶民のあいだでも伊勢参りが盛んになった。

江戸時代には、出版文化が広がりを見せており、伊勢参りのためのガイドブックも刊行されるようになる。そのうちの一つが、「伊勢参宮細見大全」（三重県立図書館デジタルライブラリーなどで公開されている）である。

それを見ると、内宮の参拝者は、みな地面に座り込み、合掌して神宮を拝んでいる。立って拝む者もいなければ、拍手《かしわで》を打っている参拝者もいない。それが、近世の時代における神社参拝の方法であったと考えられる。

実際、今日の伊勢神宮で神職だけで祭祀を行うときは地面に座り込んで行われる。それは、他の神社でも共通している。

現在の私たちは、神社に参拝したときには拍手を打ち、仏教の寺院で参拝するときには合掌する。それで神社と寺院とを区別していることになるが、中世から近世にかけては「神仏習合」の時代であった。

神仏習合の時代、神社には「神宮寺」が設けられ、神社の管理も神宮寺の僧侶に任されていた。僧侶は、社殿の前で読経を行っていた。

このやり方は、現在でも奈良の春日大社に伝えられている。それが、「日供始式並興福寺貫首社参式《につくはじめしきならびにこうふくじかんすしやさんしき》」と呼ばれるもので、毎年一月二日に営まれる。興福寺の貫首などが春日大社本殿の前まで進み、そこで唯識論を奉唱する。興福寺は法相宗に属し、法相宗は唯識論を重視するからである。また、若宮神社では般若心経の読経を行う。これは、春日大社が藤原氏の氏神で、興福寺が氏寺だったからだが、神仏習合の時代のあり方を伝える貴重な祭式である。

二〇一二年、韓国の窃盗団が対馬から二体の仏像を盗み出し、韓国へ持ち帰るという事件が起こった。観音寺から盗まれた観音像の方は、韓国の浮石寺《プソクサ》が倭寇に略奪されたものだと主張し、現在でも観音寺には返還されていない。

これは大いに問題となるところで、解決の目処が立っていないが、ここで注目したいのは、もう一体の仏像の方である。それは、「銅造如来立像」と呼ばれるもので、盗まれた先は対馬国一宮の海神《かいじん》神社だった。この仏像は統一新羅時代のもので、ご神体として祀られていた。海神神社にはかつて弥勒堂というものがあり、それが神宮寺と考えられるが、おそらく釈迦像はもともと弥勒堂に祀られていたものだろう。

仏像がご神体として神社に祀られているという形は、今日では極めて珍しいものだが、神仏習合の時代にはどこでも見られたものだった。その時代には、「本地《ほんじ》垂迹《すいじゃく》説」が唱えられ、日本の神は仏教の仏が姿を変えて現れたものだとされており、神と仏は一体の関係にあった。

神仏習合の時代に、こうした祀り方がされている以上、神社と寺院を明確に区別するということは行われていなかった。となると、神社に参拝するときと寺院に参拝するときとで、拝礼の仕方を区別するわけにはいかない。したがって、合掌が基本だった。神職の場合には、祭祀の際に拍手を打っていたが、それは一般の参拝者には及んでいなかったのである。

しかし、ここで問題にしたいのは、近代における祭祀の変化ということではない。神道における祭祀がもともとどういうものであったのか。それを古代に遡って探ることである。古代における神道の祭祀は、今のものとは根本的に異なるものであった。

神社建築の歴史については、次の章で扱うことになるが、古代においては、今日見られるような神社の建物は存在せず、拝殿で、本殿に祀られた神を礼拝するという形はとられていなかった。

では、祭祀はどこで行われたのだろうか。

†神道の祭祀が行われた場所

それは、磐座《いわくら》の前であった。磐座とは、山中にある大きな岩や崖のことで、古代においては神が鎮座する場所としてとらえられていた。現在でも、磐座が祭祀の対象になっていることがある。また、磐座のところに神社の社殿が建てられていることもある。

大神神社

奈良の大神神社《おおみわじんじゃ》は、神社信仰のもっとも古い形を残しているとされる。それは、本殿がなく、拝殿が面している三輪山がご神体になっているからである。大神神社がどのような変遷を経てきたかは、次の章で述べることになるが、三輪山の山中には三箇所、磐座が祀られた場所がある。三箇所とは三輪山の頂上、中腹、そして麓《ふもと》である。

頂上の磐座は奥津《おきつ》磐座、中腹のそれは中津《なかつ》磐座、麓のそれは辺津《へつ》磐座とそれぞれ呼ばれている。ただし、大神神社の宮司であった中山和敬《わけい》は、『大神神社』（学生社）という著作のなかで、「現在、神社では文字に従って中津磐座、辺津磐座は中腹・麓の磐座を指しての名称であると説明しているが、共に一個処にとどまらず、数は多く、これだとは断定できない」と述べている（六一頁）。

三輪山の頂上には奥宮として高宮《こうのみや》神社が建っており、その背後に磐座がある。これは奥津磐座と考えて間違いないが、中津磐座と辺津磐座については、その場所は確定していないのである。

三輪山はご神体であるため、禁足地になっており、神職もそこに足を踏み入れることができない。ただ、祭神の大物主命の荒魂を祀る狭井《さい》神社のところに登山口があり、そこからだけは三輪山に登ることができる。登山道は高宮神社まで続いており、登っている途中で磐座の数々を目にすることができる。

禁足地になっている三輪山では、発掘調査は行われていない。ただ、昭和三〇年代に拝殿とその奥に建つ三ツ鳥居の工事が行われた際に、あるいは、禁足地の脇で水管の敷設工事が行われたときに、子持ちの勾玉や土器の破片などが発見されている。

また、狭井神社の東北には山ノ神遺跡があり、磐座が祀られているが、大正時代にそのあたりを開墾した際、遺物が発見された。そのため、発掘調査が行われ、大量の遺物が出土している。そのなかには、小型銅鏡、碧玉製曲玉《へきぎょくせいまがたま》、水晶製曲玉のほか、鉄製品や石製品、盃、臼、杵、箕《み》、台などが出土している。

大神神社の祭神は酒の神とされており、臼、杵、箕は酒造りで使われる道具である。そうした道具を用いて醸造された酒が祭祀で用いられた可能性が考えられる。鏡や曲玉といった他の遺物も祭祀で使われたものと考えられる。中山は、山ノ神遺跡の年代について、「出土品から見ておそらく弥生文化の時代、つまり二千年を越える昔に始まり奈良時代に終わっていたと考えられる」と述べている(七五頁)。

磐座の前でどういった祭祀が行われたのか、文献史料が存在しないため、その点ははっきりとは分からない。おそらく、祭祀を営む際には、磐座のところに祭壇が設けられ、出土した品々が用いられたのであろう。

なぜ磐座が祭祀の場となったのだろうか。それがもっとも重要と思われる謎である。臨時に祭壇を設け祭祀を行うというのであれば、必ずしも磐座である必要はない。しかし、そうした例は各地に見られる。とくに古代において磐座で祭祀が行われた事例は少なくない。

歴史的に新しいものとしては、沖縄の南城市《なんじょう》にある斎場御嶽《せーふあうたき》をあげることができる。ここは、琉球王国があった時代に祭祀が行われた場所である。琉球王国は、一四二九年から一八七九年まで続いた。日本で言えば、室町時代から明治時代にあたる。なお、日本に戦乱の世をもたらした応仁の乱は琉球王国の成立よりも遅く、一四六七年に勃発している。

三輪山での祭祀に比べれば、斎場御嶽での祭祀は時代的にかなり新しいものと言えるが、そのあり方は、古代を感じさせる。斎場御嶽には、巨大な岩がそびえ立ち、そこが祭祀を行う「配所」となっている。

斎場御嶽

琉球王国では、聞得大君《きこえのおおきみ》という最高位の神女がおり、その就任式である「御《お》新下《あらお》り」は、斎場御嶽で営まれた。聞得大君は、就任式を経て神と一体化するとされる。斎場御嶽からは、祭祀で用いられた金製の勾玉、中国製の青磁器や銭貨が出土している。

御新下りは相当に複雑な儀礼で、ノロや女官を従えた聞得大君は、首里城を出発し、園《その》比屋武《ひやん》御嶽に参拝した後、与那原に向かい、そこで精進潔斎《しょうじんけっさい》を行った後、夜に斎場御嶽に到着し、休憩した後、三庫理《さんぐーい》や大庫裡《だいくり》といった岩場の前の配所で、ノロに先導される形で祭祀を行った（詳しくは、小川和行「〈御新下り〉の歴史的構造：聞得大君即位祭儀をめぐって」『沖縄文化研究』一四巻、一九八八年、伊従勉《いよりつとむ》「琉球祭祀にみる虚構と現実」『国際沖縄研究』創刊号、二〇一〇年三月を参照)。

†沖ノ島の祭祀

しかし、磐座での祭祀が本当にどういう意味を持っているかを明確に示しているのが、玄界灘に浮かぶ孤島、沖ノ島での祭祀である。

沖ノ島での祭祀については、二〇一一年に刊行した『聖地にはこんな秘密がある』(講談社、後に『日本の8大聖地』光文社知恵の森文庫)や二〇一六年に刊行した『「日本人の神」入門』(講談社現代新書)でかなり詳しく述べてきたが、神道における祭祀を考える上で極めて重要な意味を持っているので、ここで簡潔に述べておきたい。

沖ノ島は、「オイワズサマ」と呼ばれ、この島で見聞したことについては口外してはならないというタブーがあった。ただ、地元である宗像《むなかた》出身の出光石油の創業者、出光佐三《いでみつさぞう》を会長とする宗像神社復興期成会が主催する形で戦後になって一九五四年から大規模な発掘調査が三回実施されており、それによって八万点におよぶ遺物が発見されている。期成会では、大部の調査報告書を全部で五冊刊行している。

注目されるのは、おびただしい数の遺物のなかに相当に豪華なものが含まれていることである。しかも、調査報告書によれば、「一祭祀一祭場という一回限りの祭祀遺跡」とされており、それぞれの祭祀においては貴重な品々が惜しげもなく用いられ、祭祀が終わると、そうした品々はその場に打ち捨てられ、持ち帰ることはなかったのだ。

出土品は四世紀から一〇世紀に及んでおり、祭祀は古墳時代から平安時代まで続けられたことになる。ところが、沖ノ島の祭祀について、文献史料は一切残されていない。出土品の豪華さからすれば、祭祀の主体になったのは大和朝廷と考えられるが、沖ノ島の祭祀は秘密裏にひっそりと行われていたかのようにも見える。これは大きな謎であり、だからこそ現代の人間の好奇心をそそるのだ。

沖ノ島の島内には、巨大な磐座がいくつもあり、それぞれの場所で祭祀が行われたわけだが、磐座のどこで行われたかは時代によって変化している。最初は岩の上で行われていたが、その後、岩陰に移り、半露天・半岩陰に変わる。最後の時代には露天で祭祀が行われていた。

祭祀遺跡は二三箇所に及んでいるが、もっとも注目されるのが七号遺跡である。そこでは岩陰で祭祀が行われており、時代としては五世紀後半から七世紀にかけてのものと考え

沖ノ島

られる。

調査報告書では、七号遺跡は、中央部と東西両部の三部に区分され、それぞれの部にどういった遺物が残されているのかが示されている。

この七号遺跡について、大胆な分析を行ったのが国文学者、民俗学者の益田勝実である。益田は、『秘儀の島』（筑摩書房、後にちくま学芸文庫）という著書のなかで、三つに分かれたところに、どういった遺物があるかについて、次のように述べている。

西側は馬具中心の供献品、東側は挂甲・矛・盾中心の供献品、そして中央が鏡・玉・刀類の神の依り代という祭の庭の具体像、刀身の中心部が中央に多く、切っ先部が西側に多い、ということは、それ以上の想像を描き起こさずにはおかない。もっと悪いことに、中央部の玉の集積は、実に判然と三箇所に分けられてさえいる。

なぜここで「もっと悪いことに」という言い方がなされているのだろうか。それは、こうした遺物の配置が、古事記に示されたある場面を示唆するものだからである。

それは、「誓約《うけい》」と呼ばれる場面のことである。亡くなった母親の伊邪那美命のことを恋しく思い、根《ね》の堅州《かたす》国《くに》へ下ろうとする速《はや》須佐之男命は、その際に天にのぼり、姉である天照大神に暇乞いをする。

ところが、天照大神は、弟が高天原《たかまがはら》を奪いに来たのではないかと疑う。そこで、弟に邪心がないことを証明させるために、互いに子を生んでみることを提案した。

天照大神の方は、須佐之男命から剣を受けとって、それを嚙み砕き、吹き出した息の霧から、宗像大社の祭神である三柱の女神、「宗像三女神」が生まれた。

一方、須佐之男命の方は、天照大神から珠を受け取り、それを嚙み砕いて吹き出すと、息の霧から正勝《まさか》吾《あ》勝勝速日《かつかちはやひ》天之《あめの》忍穂耳命《おしほみみのみこと》以下五柱の男神が生まれた。天之忍穂耳命は、天孫降臨する瓊瓊杵尊の父である。

七号遺跡の遺物が分布している状況は、古事記のこの場面を想起させる。益田は、「これは、スサノオが高天が原へ上ってきたのを防ぐため、武装して出てきたアマテラスが、天の安の河原で対峙している光景そのものではないか」と指摘している。

益田はさらに、八号遺跡の出土状況も確認している。八号遺跡の場合には盗掘された部分があり、はっきりとはしないのだが、それでもそこには、七号遺跡で見たことと類似した形跡がある。

これが事実であれば、沖ノ島では、古事記に伝えられた神話をシナリオとして、天照大御神と須佐之男命の誓約の場面が、少なくとも二度祭祀として営まれたことになる。

†古事記編纂より前に行われた祭祀

ただし、古事記は八世紀初頭に編纂されたものであり、一方、七号遺跡での祭祀は六世紀後半、八号遺跡は六世紀末に遡るものと推定される。とするならば、沖ノ島の祭祀の方が、そのシナリオであるはずの古事記よりもはるかに先行したことになる。

古事記が成立したのは、和銅五（七一二）年のことで、天武天皇の命令によって、稗田《ひえだの》阿礼《あれ》という人間が記憶していた天皇の系譜である「帝皇日継《ていおうのひつぎ》」と古い伝承の集まりである

「先代旧辞《せんだいくじ》」を太安万侶《おおのやすまろ》が書き記し編纂したものとされている。

この二つの伝承がどういう形をとっていたかはわからない。文章になっていたのか、それともただ口伝えされていただけなのか、はっきりしないところがある。ただ、古事記にまとめられた伝承が、和銅五年をはるかに遡るものであることは間違いない。となれば、沖ノ島の七号遺跡や八号遺跡で行われた祭祀は、そうした伝承にもとづいて営まれた可能性がある。

これに関連して思い起こされるのが、世界的な宗教史家、ミルチア・エリアーデが説いたことである。エリアーデは、新たな年が訪れた際に、世界を再生させるために創造神話を儀礼として演じられることを主張している（『永遠回帰の神話—祖型と反復』堀一郎訳、未来社）。

創造神話ということであれば、誓約の場面よりも、伊邪那岐命と伊邪那美命の国生みの方がそれにふさわしい。天照大御神と須佐之男命は世界を創造したわけでもなければ、日本という国を生んだわけではないからだ。

だが、それが沖ノ島で二度も儀礼として演じられたということは、祭祀を営んだ人々が、誓約の場面を極めて重要視したことを示している。たしかに、その場面を通して天之忍穂耳命が生まれ、それは高天原から葦原中国に天孫降臨した瓊瓊杵尊の誕生に結びついた。瓊瓊杵尊の孫が初代の天皇、神武天皇である。神武天皇の誕生とその東征が日本の国のはじまりを意味するものであるとするなら、誓約の場面を創造神話の一形態としてとらえることもできる。

調査報告書の一冊である『続沖ノ島』では、もっとも古い時代に祭祀が行われた一七号遺跡では、「沖ノ島祭祀の事始めとして盛大に行われたのではなかったろうか」と指摘された後、「七号・八号両遺跡の時は、何か特別に祭祀を行わねばならぬことが発生したと見られないことはない」と述べられている。

七号・八号両遺跡で祭祀が行われたのが六世紀後半からその末期とするなら、それは飛鳥時代前期にあたる。六世紀半ばには朝鮮半島から仏教が公に伝えられ、五九三年には聖徳太子が摂政に就任している。

その後七世紀に入ると、冠位一二階と憲法一七条が制定され、小野妹子が遣隋使として隋に派遣されている。日本が中国と本格的な外交関係を結ぶようになる時代に入っていくわけだが、果たしてそうした時代の動きと沖ノ島の祭祀は関係するのだろうか。祭祀を営む主体が大和朝廷であったなら、そのことを摂政となった聖徳太子が知っていても不思議ではない。むしろ知っていたはずだ。ただ、文献史料が存在しない以上、そのあたりの事情をつまびらかにすることは難しい。また、その点について将来明らかになる可能性も低い。なにしろ沖ノ島では発掘調査は徹底的に行われ、考古学的には、その全貌は明らかにされてしまっているからである。

となれば、私たちとしては想像力を働かせるしかない。

古代の人々が、沖ノ島において、やがて古事記に書き記される天照大御神と須佐之男命の誓約の場面を演じたとするなら、そのとき、天照大御神なり、須佐之男命なり、さらには宗像三女神なりに扮したであろう人々は、自分がそうした神そのものに変容したと感じたはずである。おそらくそこには、その場面を見届ける役割を果たす人間もいただろうが、その人間たちは、目の前に実際に神々があらわれ、はるか昔に行われたことがそのまま演じられたと感じたはずである。

少なくともそれは、たんなる演技とは感じられなかったに違いない。たんに演じるということであるなら、わざわざ絶海の孤島に、当時としては簡単には得られない貴重な品々を持ち込んで、祭祀を営むはずもない。神と実際に出会うことができるという確信がなければ、当時の航海術では島に渡るだけで命の危険を感じなければならない行為を実行に移すはずはない。

七号遺跡や八号遺跡で行われた祭祀が、創造神話を演じることによって世界を更新するという目的を伴うものであったとしたら、それは年のはじめに行われた可能性が高い。年のはじめだとすれば、それは真冬である。真冬の玄界灘は荒れる。たとえいくら荒れたとしても、新しい年の訪れを逃すわけにはいかなかったであろう。

そう考えると、沖ノ島の祭祀は、祀り手たちの命を賭けて実行に移されたことになる。しかし、命の危険はそれだけではなかった。むしろ、神に扮し、神そのものとなることは相当に恐ろしいことだったのではないか。その光景を見守ることも、同様に戦慄すべきことであったと想像される。

神をただ演じるのではなく、神そのものになった人々は、果たして無事だったのだろうか。神に変容することによって、精神に異常を来すということはある。あるいは、誓約の場面は天照大御神と須佐之男命の姉弟が戦った場面である。遺跡には、刀の切っ先が飛び散った跡さえある。その場面を演じること自体が物理的にもかなりの危険を伴うものであった。

しかしそれでも、沖ノ島で祭祀を営む必要があったのだ。そこには、私たちの想像力が及ばない重大な謎がある。その謎を解くことは困難なのだが、それが日本の神道の本質に深くかかわるものであることは間違いない。

†天皇にまつわる古事記の記述

神は祭祀の場に現れる。

神にその場に現れてもらうために祭祀を行う。

それが古代における人と神とのかかわり方だった。

たんに神に祈るのではない。その場に立ち現れた神に相対し、ときには託宣を受け取る。

そうした状況は古事記に描かれている。

古事記では、神々の物語が代々の天皇の物語に結びつくような形で語られており、初期の天皇の話であれば、それはむしろ神話に近い。そもそも初期の天皇たちについては、果たして実在するのかどうか、現代では疑いの目が向けられている。

中国の歴史書には、五代にわたる倭国の王についての記述がある。そうした王は、讃、珍、済、興、武と呼ばれており、歴史書の年代は四一三年から五〇二年にわたる。この五代にわたる王は、「倭の五王」と呼ばれるが、それぞれの王がどの天皇をさすのかについては議論がある。

候補としてあげられるのは、第一五代の応神天皇から第二一代の雄略天皇までである。興と武が兄弟とされていることから、興は第二〇代の安康天皇で、武は雄略天皇、そして兄弟の父である済は第一九代の允恭《いんぎょう》天皇に該当する可能性が高い。となれば、古事記に記された各天皇の没年の干支を考慮すると、讃は第一六代の仁徳天皇、珍は一八代の反正《はんぜい》天皇のことではないかと考えられる。ただ、これは確定しているわけではない。

倭の五王以前の天皇ということになれば、その実在を示す史料は中国側にはない。邪馬台国については「魏志倭人伝」に記されているものの、その後中国側の史料に倭が登場しない時代がしばらく続くからである。したがって、史料としては古事記や日本書紀しかない。その点で、どの天皇から実在したのかははっきりしない。

その点で、応神天皇の父となる第一四代の仲哀天皇の場合には、その実在が疑われることにもなるが、古事記にはこの天皇にかんして興味深い出来事が語られている。それは、古代における祭祀を考える上で極めて重要な事柄である。

仲哀天皇は熊曽国《くまそこく》を討とうとして、筑紫の訶志比宮《かしいのみや》にいた。それは、現在の香椎宮《かしいぐう》あたりのことと考えられる。天皇の妻にあたるのが息長帯日賣命《おきながたらしひめのみこと》、つまりは神功皇后である。

神功皇后は、「当時神を帰せたまひき」とあり、神憑りをしていたとされている。訶志比宮では、天皇が琴を弾き、建内宿禰大臣《たけしうちのすくね》が「沙庭《さにわ》に居て、神の命を請ひき」とある。岩波文庫版では、沙庭には「忌み清めた祭場。そこにいて託宣を請う人をも審神者《さにわ》と言った」という注がつけられている。

この記述からははっきりしないが、天皇と皇后は宮のなかにいて、建内宿禰が庭にはべっていたとも考えられる。そこで皇后は神憑りし、神のことばを語り出す。神は、多くの宝がある西の国を帰服させるよう命じる。ところが、天皇はその命令に従わなかった。すると神は怒り出す。建内宿禰が、もう一度琴を弾くように促すと、天皇はいやいやながらそれに従ったものの、すぐに琴の音は途絶えてしまった。どうしたのかと火を掲げて見てみると、天皇の命はすでに絶たれていた。神は、自分の命令に逆らった天皇を許さなかったのだ。

もちろんこれが歴史的な事実であるとは言えない。仲哀天皇や神功皇后が実在したかどうかも定かではない。皇后は天皇が亡くなった後、およそ七〇年間にわたって摂政をつとめ、亡くなったときには一〇〇歳であったとされる。建内宿禰になると五代の天皇に二百数十年間も仕えたとされる。とても実在の人物とは思えない。

吉野ヶ里遺跡

ここで注目されるのは、天皇が琴を弾くことで、皇后が神憑りし、神のことばを伝えたという点である。

実は、この場面をもとにしたと思われる場面に、私たちは接することができる。

それが弥生時代の吉野ヶ里遺跡である。そこでは、さまざまな建物が復元されているが、なかでももっとも目を引くのが三階建ての主祭殿と呼ばれる建物である。これは北内郭《きたないかく》と呼ばれる地域にあり、一階部分は吹き抜けになっている。二階では、人形を使い、村の人々が会議をしている場面が再現されている。

三階では、榊を持った女性が祭壇にむかって祈っている場面が再現され、その脇には琴を弾いている男性がいる。女性のモデルは邪馬台国の卑弥呼と思われるが、琴を弾く男性ということでは、神功皇后が神憑りした際の仲哀天皇がモデルになっていると見ることができる。

神は祭祀の場に現れ、ことばを下す。しかも、暴力的に自らの意志を貫徹する。その後、天皇が葬られた後、建内宿禰がふたたび沙庭となって、皇后に降りた神にその名を問うと、天照大神の御心から出ているという答えが返ってきた。仲哀天皇は天照大神の子孫である。天照大神は、たとえ自らの子孫であっても、意志に逆らえば容赦しなかった。その点からすると、天照大神は相当に恐ろしい神である。

神がその場に現れるということは、仲哀天皇と神功皇后に限られない。

✝八幡神と習合した応神天皇

仲哀天皇と神功皇后のあいだに生まれたのが応神天皇である。古事記では品陀和気命《ほんだわけのみこと》などと呼ばれる。神功皇后は、新羅の国を攻めるが、その際、妊娠しており、帰国後に応神天皇を産む。そのため、応神天皇は「胎中天皇」とも呼ばれ、後には八幡神と習合することになる。

八幡神の本社は大分県宇佐市の宇佐神宮で、もともとはその地域に住む渡来人が祀っていた神だった。したがって、古事記や日本書紀には登場しないのだが、しだいに頭角を現すようになり、応神天皇と習合することで、天照大神に次ぐ第二の皇祖神ともされるようになる。さらに、神仏習合の時代においては、八幡大菩薩と呼ばれ、広く信仰を集めた。なぜ八幡神がそれほど重要な存在になったのかについては謎だが、最初、大きな働きをしたのは奈良の東大寺に大仏が建立されたときだった。

大仏本体の鋳造が終わったのは天平勝宝元（七四九）年一〇月のことで、一二月には、八幡神に仕えていた巫女が上京し、孝謙天皇や聖武太上天皇などとともに大仏を礼拝した。平城宮の南にあった梨原宮《なしはらのみや》では、四〇人の僧侶を招いて、罪を懺悔して仏に許しを請う悔過法要が営まれるが、その際に八幡神は、「神である自分が天の神や地の神を率いて、必ずこの大仏建立という事業を完成に導きたい。建立に使われる銅を扱いやすい水に変え、作業に使われる草や木や土に自分のからだを混ぜ込んで、あらゆる障害を取り除こう」という託宣を下した。このとき、巫女が神憑りしたものと考えられる。

その後、孝謙天皇は重祚《ちょうそ》して称徳天皇となるが、そのとき、弓削の道鏡を寵愛し、道鏡を皇位につかせようとしたとされる。この出来事については真偽不明の部分もあるが、最後、和気清麻呂が勅使として宇佐神宮に派遣され、八幡神の託宣を得たことで、道鏡は皇位に就くことを阻まれた。八幡神の託宣は、国家の命運を左右するほど重要なものだったのである。

現代の神道の祭祀において、その場に神が現れ、託宣を下すということはない。そもそも、そうしたことは想定されていない。

それに近い神が現れる場面があるとするならば、今も歴史の古い規模の大きな神社で行われている式年遷宮の際に、祭神を本殿から仮殿に移し、またもとへ戻すときだろう。これは「遷座」と呼ばれ、ご神体が移動する。照明は消され、ご神体は白い布で囲まれ、参列者の目にはふれないような配慮がなされる。

神道の世界では、どの神社でも共通に行われる神職による祭祀とは別に「特殊神事」というものがある。これは、各神社特有の祭りのことだが、そうした祭りにおいて神憑りが起こることがある。

たとえば、島根県江津市桜江町にある飯尾山八幡宮では、六年に一度、市山大元神楽・式年祭が営まれるが、明け方に行われる「託舞《たくまい》」においては神憑りする者が現れる。これは意図的なもので、神憑りする舞手は、その前に数人の男たちによって振り回される。

神憑りということになれば、幕末維新期以降に現れた民衆宗教、新宗教の場合に多い。

†中山みきの神憑りから始まった天理教

前の章で天理教についてふれたが、天理教は教祖である中山みきの神憑りからはじまった。

教団公認の教祖伝である「稿本天理教教祖伝」では、みきの長男である秀司の足痛を治すために行われた「寄加持《よせかじ》」という祈禱の場において、依代の役をつとめたみきに、「元の神」と称する神が降り、みきを「神の社」として貰い受けたいと要求してきたとされる。

ただ、この物語は、東京帝国大学の宗教学科で学んだ天理教教団の二代目真柱《しんばしら》、中山正善《しょうぜん》の手によって整理されたものであり、もともとの伝承はこれとは異なる。

明治一四（一八八一）年の時点で、警察の取り締まりを受けたみき自身が語ったところによれば、それを遡る四三年前の天保九（一八三八）年一〇月下旬、みきが夜に糸稼ぎをしていたところ、うとうとしているうちに、身体のなかを貸せという夢を見た。その話を家人にしたところ、後になって、クニトコタチノ命以下、総称を転輪王命とする六柱の神が体内に入りこんできた。そのため、自分は乱心したとみなされ、医者が呼ばれたり、祈禱が行われたりしたが、なかなか正気には戻らなかったというのである（これは天理教が戦後刊行した『復元』という雑誌の第三〇号に「就御尋手続書《おたずねにつき》」として掲載されている）。

その後、みきは頻繁に神憑りをしたようで、それは教団のなかで「お出まし」と呼ばれた。初代真柱、中山眞之亮《しんのすけ》の弟にあたる梶本楢治郎《ならじろう》がそれについて証言しているが、彼は明治五（一八七二）年の生まれで、物心ついてから祖母であるみきに接した経験を持っていた。

お出ましは、夜のときもあれば、朝のときもあり、警察がきているときにもあった。夜中の一時、二時にお出ましがあったときには、信者の村田長平が経営していた豆腐屋という宿屋に泊まっていた遠方からきた信者はたたき起こされた。

楢治郎がみきのもとへ行ったのはいつも昼だったが、そのときにもお出ましがあった。楢治郎は、子どもの自分には、何を言っているのかわからなかったが、古い信者たちは、みきが発することばを書き取っていたと述べている（「教祖様の思ひ出」『復元』第一号）。

お出ましの際、みきは、「からとにほん、からとにほん」や「よし、心してきけ、後で後悔なきように」などと言ったという（「教祖様の思い出その他」『復元』第一八号）。

みきは、「おふでさき」を残している。これは、神のことばを記したもので、神はみきに「筆をとれとれ」と命じ、みきが筆を紙の上にのせると、たとえ暗がりでもすらすらと筆が動いた。みき自身は、自分が何を書いたか分からず、そばにいた眞之亮に読んでもらい、それに対していちいちうなずき、「ああそうかな、そう仰ったかな」と言ったという（松村吉太郎「教会設置当時の思い出」『復元』第一七号）。

教祖が神憑りすることで生まれた新宗教は天理教だけではない。大正時代と昭和の前期に厳しい弾圧を受けた大本の場合にも、教祖である出口なおの神憑りからはじまった。聖典である「大本神諭《しんゆ》」は、なおに下された神の啓示を、その女婿となった出口王仁三郎《おにさぶろう》がまとめたものである。

王仁三郎も神憑りし、なおに宿った天照大神と王仁三郎に宿った須佐之男命がお互いに叫び出し、古事記の誓約の場面を再現した。大本において、天照大御神は火、須佐之男命は水ととらえられ、両者の神憑りによる論争は「火水の戦い」と呼ばれた（これについては、王仁三郎の孫、出口和明の長編小説『大地の母』〈毎日新聞社〉に詳しく描かれている）。

†神と出会う場として選ばれた磐座

ユダヤ教の聖典「トーラー」（キリスト教はそれを旧約聖書に取り入れた）の冒頭におさめ

られた「創世記」には、神がアブラハムにせっかく授かった子のイサクを犠牲にするよう命じる箇所が出てくる。神は、世界を創造しただけではなく、その後も、人間に対して働きかけ、ことばを下している。

それは、イスラム教の場合にも同様であり、聖典である「コーラン」に記されているのは、ムハンマドに伝えられた神のメッセージである。神はムハンマドが亡くなるまで啓示を下し続けた。

神道の祭祀というものも、本来は、神と直接に出会い、神の託宣を得るものであった。現代の神社における祭祀で神職が祝詞を唱えるのも、神に向かって語りかけることを意味する。そこでは、託宣が下されることはないが、古代においては、託宣を得るために祭祀が営まれた。祭祀の場には、神が現れたのである。

古代の日本人は、神と出会う場として磐座を選んだ。今日では、沖ノ島でもそうだが、磐座のもとに社殿が祀られていることが少なくない。だがそれは、あくまで後世のやり方であり、もともとは磐座だけしかなかった。

なぜ磐座が神と出会うのにふさわしい場だったのか、その理由は明らかではない。世界各地には巨大な岩があり、それが宗教とかかわることもある。だが、岩そのものが信仰対象になったり、そこで祭祀が営まれることは少ない。ギリシアなどでは、巨大な岩の上に修道院が建てられていたりするが、それは外界から隔絶するためで、岩のところで祭祀を行うわけではない。

中国などでは岩を彫って大仏を作ることが広く行われていた。敦煌の石窟などは名高い。アフガニスタンのバーミヤンの大仏も、今は爆破され存在しないが、岩を彫ったものである。日本でも、そうした石仏は存在するが、事例として中国ほど多くはない。

古代の日本人は、磐座に神が現れるということを確信していた。その感覚を、現代の私たちが持つことは難しい。現代人でも、磐座を前にして神秘的なものを感じるかもしれないが、そこに神が現れるとまでは思えない。したがって、磐座で祭祀が行われることはほとんどなくなった。また近年では、新宗教の教祖などが神憑りすることもあまり見られなくなった。

そうした社会に生きている現代の人間には、神道の本質が理解できなくなっているのかもしれない。次の章では、祭祀を行う場である神社の本来の姿について考えてみたい。

第3章

神はいつから神社に鎮座しているのか

†神社の基本形

神道の宗教施設が神社である。

宗教法人を所轄する文化庁宗務課に報告された神社の数は、およそ八万五〇〇〇社である。

ただし、街のなかにある小祠や屋敷神は、そのなかに含まれてはおらず、神社全体の数ははっきりとは分からない。一〇万社は超えるのではないかと言われている。

神社の基本的な形は次のようなものである。

そこには鎮守の森が形成されていることが多く、それによって外側の生活空間とは区別されている。

神社の境内に入るところには鳥居が建っている。鳥居は一本のこともあるが、何本もの鳥居が建っていることもある。

鳥居からは参道が続き、途中、その脇には手水舎《ちょうずや》が設けられている。参拝者はそこで、口を濯ぎ、手を清める。それは略式で、本来なら禊を済ませてから神と相対することになる。

参道の先には拝殿があり、その奥には本殿がある。それぞれの神社では特定の祭神が祀られており、その祭神は本殿に鎮座しているとされる。神は形を持たない存在であり、そこに安置されたご神体に宿っているとされる。

一般の参拝者は、拝殿の前から参拝する。参拝者の前には賽銭箱が置かれ、そこに賽銭を投げ入れる。

神社の境内には社務所があり、そこでは神札やお守りなどが頒布《はんぷ》されている。それぞれの神社特有の絵馬も販売されており、購入した者は、そこに願いごとを記し、絵馬掛けにかける。

境内にはほかに、建物としては神楽殿や摂社、末社がある。神楽殿では、神に対して舞が奉納される。摂社と末社とは厳密に区別されるものではないが、祭神との関係が深いものが摂社、浅いものが末社と区別されることもある。摂社、末社が境内の外に設けられることもある。

これが、現代における神社の大まかな姿である。私たちは日々、こうした神社に接しているので、神社とは元来そういうものだと考えてしまいがちである。

しかし、こうした神社の形式がいったいいつから始まったのかについては、実ははっきりしたことは分かっていない。

第1章で、「延喜式神名帳」についてふれた。これは、延長五(九二七)年にまとめられたもので、そこには全国の主だった神社が記載されている。

当時の神社は、「官幣社《かんぺいしゃ》」と「国幣社《こくへいしゃ》」に分けられ、さらに、それぞれが大社《たいしゃ》と小社に区別されていた。

官幣社は、祭祀を司る役所である神祇官から幣帛《へいはく》(捧げ物)を受ける神社のことで、いわば国が所轄する神社である。国幣社は、国司から幣帛を受ける、つまりは地方の役所が所轄する神社のことである。

これによって、神名帳に掲載された神社は、官幣大社、官幣小社、国幣大社、国幣小社の四つに分けられるが、それぞれの数は次の通りである。

官幣大社　一九八社　三〇四座
国幣大社　一五五社　一八八座
官幣小社　三七五社　四三三座
国幣小社　二一三三社　二二〇七座

座というのは祀られた神の数である。一つの神社に複数の神が祀られていることがあり、このような数になっている。

官幣社が総計で五七三社、七三七座であり、国幣社が二二八八社、二三九五座である。このなかで現存する神社はかなりの数にのぼる。だが、なかにはどこにあったのかが分からなくなったものも含まれている。一つの地域に似た名称の神社があり、どちらが神名帳に記載されたものなのかが分からないことがある。そうした神社は「論社《ろんしゃ》」と呼ばれる。

現代の私たちは、その時にもそれぞれの場所に、今と同じような神社の建物、社殿があったと考えてしまうが、果たしてそうなのかどうかは検証してみる必要がある。神社建築は寺院建築とはかなり事情が違うのである。

†日本最古の神社建築

日本最古の仏教寺院とされているのが、奈良県高市郡明日香村飛鳥にある飛鳥寺である。この寺院は、最初法興寺と呼ばれており、用明天皇二（五八七）年に、蘇我馬子の発願によって建立されたとされる。大伽藍を誇ったものの、平城京への遷都がなされると、法興寺も奈良市内に移り、元興寺となった。法興寺も元興寺も、その後火災にあうなどして衰え、現在、創建当時の建物は残っていない。

現存する最古の寺院建築が法隆寺の金堂である。金堂は本堂を意味する。法隆寺は最初、推古天皇一五(六〇七)年に創建されたものの、火災にあい、天智天皇九(六七〇)年に再建されたのが現在の金堂である。

法隆寺の金堂は、世界最古の木造建築である。金堂の脇に建つ五重塔も、再建時に建てられたもので、最古の木造の五重塔である。

つまり、法隆寺では、六世紀なかばに日本に仏教が伝えられて間もない時代の寺院建築が現存し、私たちは、そのもともとの姿に接することができるわけである。

では、日本最古の神社建築は、いったいどこにあるのだろうか。

その点について思いを巡らしたとき、即座に答えられる人は決して多くはないだろう。その神社は京都にあり、世界文化遺産「京都の文化財」としても登録されている。そのなかには、金閣寺や清水寺をはじめ京都の主だった寺院が含まれ、神社としても上賀茂《かみがも》神社と下鴨神社が含まれている。

もう一つ、神社として含まれるのが宇治上神社である。宇治上神社は、同じ宇治市にあ

宇治上神社本殿

って、やはり世界文化遺産となっている平等院とは宇治川を隔ててその向かい側にある。川岸には宇治神社があり、その奥が宇治上神社である。

なぜ、さほど知られてはいない宇治上神社が世界文化遺産なのか。それは、本殿が最古の神社建築だからである。

宇治上神社の本殿は拝殿とともに国宝に指定されている。拝殿の方には、鎌倉時代に伐採した木材が使われているが、本殿の方は平安時代後期の建物で、年輪年代測定調査では一〇六〇年頃のものとされる。

永承二（一〇五二）年は、当時、日本が末法の時代に入った年とされ、平等院の鳳凰堂が建てられたのもその年である。この鳳凰堂の建立と、宇治上神社本殿の創建がいかなる関係にあるのか、これは注目されるところである。

本殿は、現在覆屋《おおいや》のなかにあり、三棟の流造《ながれづくり》からなっている。覆屋正面の幅は一〇メートル程度で、それぞれの社殿はさほど大きなものではない。

祭神は古事記や日本書紀に登場する菟道稚郎子命《うじのわきいらつこのみこと》（宇遅之和紀郎子）が左殿に、応神天皇が中殿に、そして仁徳天皇が右殿に祀られている。延喜式神名帳では、「宇治神社二座」とされていた。その数と合わないが、菟道稚郎子命は、応神天皇の皇子とされ、宇治という地域と関係するものと考えられる。

現存する最古の寺院建築である法隆寺金堂と比較した場合、宇治上神社本殿は四〇〇年以上も新しい。これ以前に建てられた神社建築は、今のところ確認されていない。

神社のなかで創建がもっとも古いと主張しているのは、茨城県鹿嶋市にある鹿島神宮である。その社伝によれば、神武天皇元年に創建されたとされる。神武天皇が実在したとは考えられず、鹿島神宮の創建の年代も疑わしい。また、鹿島神宮に創建当時の建築物が残されているわけではないし、その跡が発掘されているわけでもない。

伊勢神宮なら、その歴史は古いと考えられるだろうが、「式年遷宮」の制度があり、現在では二〇年に一度、社殿が一新される。したがって、古い社殿はまったく残されていない。出雲大社の場合にも、現在の本殿は江戸時代の延享元《えんきょう》（一七四四）年に建てられたものである。

近世以前に建てられた神社建築はそれほど多くはない。国宝に指定されているものをあげれば、次のようになる。

御上神社本殿　鎌倉時代後期　滋賀県野洲市
大笹原《おおささはら》神社本殿　一四一四年　同
石上神宮拝殿　鎌倉時代前期　奈良県天理市同神社摂社出雲建雄神社拝殿　一三〇〇年頃（これは、廃仏毀釈で廃寺となった内山永久寺の住吉社の拝殿だった）
桜井神社拝殿　鎌倉時代後期　大阪府堺市
吉備津神社本殿及び拝殿　一四二五年　岡山市
厳島神社本社本殿、幣殿、拝殿、祓殿　一二四一年　広島県廿日市市
住吉神社本殿　一三七〇年　山口県下関市

このなかでもっとも古いものが、石上神宮拝殿と厳島神社の本殿ということになる。た

だ、どちらも宇治上神社本殿の建立からは一五〇年前後経っている。要するに、それほど古い神社建築は残されていないのだ。

たとえ実物は残されていなくても、古図や絵巻物などに描かれている可能性はある。古図は境内図ということになるが、伊勢神宮については、南北朝時代一四世紀の「伊勢両宮曼陀羅」と名付けられたものが残されている。これは、奈良の正暦寺に伝わるものである。社殿の配置が現在とは異なっていたり、神明造の特徴となる棟持柱《むなもちばしら》がなかったりするが、現状と大きくは変わらない。

それよりも古いと考えられるものとしては、一遍の弟子で遊行上人と呼ばれた他阿《たあ》の絵伝（「遊行上人縁起絵」）に伊勢神宮が描かれている。この絵伝は一三〇三年に作成されたものだが、本殿の形は、今とは異なり、後ろ側に建物が続く形になっている。

一方、出雲大社については、鎌倉時代の一三世紀から一四世紀の「出雲大社《いずもおおやしろ》幷《ならびに》神郷《しんごう》図《ず》」が残されている。そこでは、本殿を支える柱はかなり高くなっているが、柱は現在とは異なり朱塗りである。

では、絵巻物ではどうだろうか。

†絵巻物に描かれた神社の社殿

絵巻物は、神社仏閣の由来を説く縁起であったり、高僧伝であったりする。そうした絵巻物が本格的に作られるようになるのは平安時代末期になってからである。「源氏物語絵巻」、「伴大納言絵巻」、「信貴山縁起絵巻」、「鳥獣人物戯画」が四大絵巻とされるが、いずれも平安時代末期に作られている。

こうした絵巻に神社の社殿が描かれているなら、平安時代末期の状況を確認することができる。しかし、神社の社殿が描かれることはほとんどない。

唯一の例外が「信貴山縁起絵巻」である。この絵巻物は、「山崎長者巻《やまさきちょうじゃのまき》」、「延喜加地巻《えんぎかじのまき》」、「尼公巻《あまぎみのまき》」の三つに分かれている。

そのうち尼公巻は、信濃国の尼公という女性が、東大寺の大仏のお告げで、弟と再会を果たす物語である。この巻には、治承四（一一八〇）年の南都焼き討ちにあう前の大仏の姿が描かれており、その点で貴重なのだが、そのなかに尼公が村人に弟の消息を尋ねている場面がある。そこには二本の木のあいだに祀られた小さな社の姿が描かれている。これは、神社というよりも、屋敷神のような小祠である。

出雲神社牓示図

絵巻物ではないが、昔の時代の神社の姿について、一つ注目される古図がある。それが、「出雲神社牓示《ぼうじ》図《ず》」である。ここで言われる出雲神社とは、出雲大社のことではなく、京都の亀岡にある出雲大神宮のことであり、絵を所蔵するのもそこである。

この絵は、実にあっさりしたもので、いくつかの山が描かれている。牓示とは、杭や石などによって領地の境界を標示することを意味しており、この図も、そうした役割を担うものと考えられる。決して芸術的な絵ではない。

そのなかで、右下に描かれた小山は、他の山々より木々が多く描かれ、自ずと目立つようになっている。その小山の麓には一基の鳥居が描かれている。さらにその手前には、小さな小屋のような建物が三棟建っている。

これは、二〇一三年に東京国立博物館で開かれた「国宝大神社展」に出品された。図録の解説では、出雲神社の社領を西園寺公経《きんつね》が領家として知行したことを伝える天福二(一二三四)年の関東御行書に「牓示指図別紙有之」という記載があり、この「出雲神社牓示図」をさすのではないかと述べられている。製作年代は、それ以前ということになり、一三世紀前半ではないかと考えられる。

牓示図で、鳥居の背後に描かれているのが御影(蔭)山である。それは、出雲神社の神体山である。その際に、鳥居と神体山のあいだに建物がないことが注目される。鳥居の手前に描かれた三棟の建物は、図録の解説でも述べられているように、出雲神社の社殿ではないだろう。

ということは、鎌倉時代前期の出雲神社には、鳥居があるだけで、社殿はまったく建っていなかったことになる。

「延喜式神名帳」では、丹波国桑田郡に出雲神社が記載されている(ただし、亀岡市本梅町にある出雲神社も論社になっている)。それ以前、「日本紀略」の弘仁九(八一八)年一二月一六日の条には、「丹波国桑田郡出雲社、名神に預る」という記載がある。

名神とは、官幣大社や国幣大社のなかで創建の年代も古く、由緒も正しい神社を選んだものである。「延喜式神名帳」では、二二六社三一三座が名神（表記は名神大）となっている（なお、「延喜式」巻三には名神祭式があり、そこではなぜか二〇三社二八五座となっている）。

出雲大神宮が出雲神社でない可能性もあるわけだが、実は出雲大神宮では、牓示図に示された御蔭山に磐座が存在している。御蔭山は禁足地となっているものの、磐座までの道だけは行くことができる。その磐座には国常立尊《くにのとこたちのみこと》が鎮座している。

ここから思い起こされるのが第2章で述べた奈良の大神神社のことである。大神神社では、三輪山が神体山になり、山中に磐座がある。奥津磐座までの道だけが登れるようになっているというところも、出雲大神宮と共通する。

出雲大神宮の磐座に注連縄がはられているのも大神神社と同じだ。そして、出雲大神宮では、毎月二五日にその磐座において国祖祭《こくそさい》が営まれている。古代においては、この国祖祭こそが出雲大神宮における祭祀の中心であったに違いない。

大神神社の社伝である「大三輪鎮座次第」（嘉禄二［一二二六］年）には、「当社古来無宝殿。唯有三個鳥居而已」と記されている。宝殿とは、神宝を納めておく殿舎のことを意味することもあれば、神殿を意味することもある。ここでは、神殿の意味だろう。鎌倉時代に入っても、大神神社には社殿はなく、この神社特有の三ツ鳥居だけが建っていたわけである。

そのことは、平安時代の歌学書《かがくしょ》である「奥義抄《おうぎしょう》」によっても裏づけられる。そこには、「このみわの明神は、社もなくて、祭の日は、茅の輪のみつつくりて、いはのうへにおきて、それをまつる也」と記されている。やはり社がなかったのだ、ここで言われる岩とは磐座のことである。

もし仮に鎌倉時代の大神神社にも膀示図があったなら、そこでは出雲神社と同じ光景が描かれていたはずである。

前掲の中山和敬『大神神社』では、「その後の旧記を拾うと、中古・花園天皇の御代、文保元（一三一七）年に拝殿御造営が行われ、以降、室町時代にはしばしば修繕が加えられ」たと述べられている。大神神社には、鎌倉時代末期になってようやく拝殿が建ったことになる。鎌倉時代が終わるのは、元弘三（一三三三）年に鎌倉幕府が滅亡したときである。現在の拝殿は、寛文四（一六六四）年に徳川四代将軍家綱が造営したものである。

では、出雲大神宮の方ではいつ拝殿や本殿が建てられたのだろうか。

出雲大神宮のサイトでは、社殿の建立は和銅二(七〇九)年のこととされている。これだと、牓示図と矛盾することになってしまうが、続けて、現在の本殿は鎌倉時代末期の元徳年間、あるいは貞和元(一三四五)年に足利尊氏によって修造されたことが当時の史料にあると記されている。修造であれば、それは修理のことであり、本殿の造営は貞和元年より以前ということになる。

ただ、その後に、近年、三枚の棟札《むなふだ》が発見されたことにふれられている。そのうち文安二(一四四五)年一一月二六日のものには、「御願主源右亭(京)大夫殿」とあるとされる。源《みなもと》右京大夫《うきようたゆう》であれば、室町幕府の管領職だった細川勝元のことになる。サイトでは、社殿の造営について「細川勝元との関係を無視すべきではありません」と述べられている。書き方は曖昧だが、これは社殿の造営が室町時代であったことを示唆している。

†「一遍聖絵」に描かれた神社

神社の社殿の姿がはっきりと描かれている絵巻物は、鎌倉時代になると現れる。それが、鎌倉仏教の宗祖《しゆうそ》の一人、時宗の一遍の行状について記した「一遍聖絵」である。

一遍は、延応元(一二三九)年に伊予国(現在の愛媛県)の豪族の家に生まれたとされる

一遍聖絵

が、幼少時代のことはよく分かっていない。
一〇歳のときに母を亡くしたことがきっかけで出家し、九州で浄土宗西山派の教えを学んだとされる。ただ、父が亡くなった後には故郷に戻り、還俗して、いったんは武士としての生活を送った。そして、文永八（一二七一）年に再度出家し、信濃の善光寺や地元の寺で修行を重ねた後、文永一一年から遊行をはじめている。

「一遍聖絵」の重要な点は、一遍が亡くなってからそれほど間がない一〇年後の正安元（一二九九）年に作成されていることである。「一遍聖絵」の編者は聖戒《しょうかい》とされ、彼が詞章《ししょう》を記している。一説では、聖戒は一遍の弟であるとも言われ、一遍の遊行に同行していた。

しかも、聖戒は「一遍聖絵」を作成する際には、絵師を伴い、他の弟子とともに一遍が遊行した足跡をたどっている（聖戒編『一遍聖絵』大橋俊雄校注、岩波文庫の解説による）。

　その点で、「一遍聖絵」には、一三世紀末の各地の光景がそのまま描かれていると考えることができる。決して想像で描かれたものではないのだ。

　「一遍聖絵」には、いくつかの神社が登場する。熊野本宮大社、伊豆三嶋大社、美作国一宮の中山神社、石清水八幡宮、厳島神社などである。

　注目されるのは、いずれも立派な社殿を構えていることである。石清水八幡宮などは現在とほとんど変わらない姿をとっている。

　「一遍聖絵」に描かれた厳島神社は、鳥居が海中に建っており、現在と同じである。社殿は、現在のものよりも規模が小さいが、回廊が巡らされ、その真ん中には舞台が設けられている。一遍は、社殿の前に座り、妓女が秦王破陣楽《じんのうはじんらく》という曲を舞うのを見学している。一遍の身なりは貧しいものの、貴人としての扱いを受けたことが分かる。

　厳島神社の創建は、推古天皇元（五九三）年とされ、かなり古い。だが、海の上に突き出した現在の特徴的な社殿が建てられたのは、平家がそこを氏神とするようになってからである。

　石清水八幡宮の方は京都府八幡市にあり、天照大神に次ぐ第二の皇祖神とされた八幡神を祀っている。また、京都の裏鬼門の位置にあったことから重視され、伊勢神宮と並ぶ「二《に》所宗廟《しょそうびょう》」の一つとされた。

ただ、創建自体は平安時代前期の貞観二（八六〇）年とさほど古いものではない。そのためだろう、九二七（延長五）年に成立した「延喜式神名帳」には記載されていない。

この石清水八幡宮のことは、吉田兼好の「徒然草」第五二段に出てくる。仁和寺の老僧が長年、石清水八幡宮に参詣したいと考えていて、念願はかなったものの、麓にあった高良神社や極楽寺を石清水八幡宮の本殿だと思い込み、そこだけ参詣して帰ってきてしまったという話である。

これは、老僧の迂闊さを強調する話になっているが、老僧が誤解するのも無理のないところである。というのも、多くの神社は山の麓に社殿を設けており、山の上にある神社は珍しいからである。大神神社も出雲大神宮も、社殿は神体山の麓にある。山の神を祀るような神社でなければ、たいがいはその形をとる。

石清水八幡宮の創建には、行教《ぎょうきょう》という僧侶がかかわっていた。奈良の主要な寺院である南都七大寺の一つに大安寺《だいあんじ》があるが、行教はその寺の僧侶だった。行教は、八幡神の総本社である宇佐神宮に参拝し、その際、八幡神から「吾れ都近き石清水男山の峰に移座して国家を鎮護せん」という託宣を下された。

石清水には、すでに石清水寺が鎮座していた。行教は、貞観四（八六二）年に、それを護国寺に改めている。それによって石清水八幡宮護国寺が成立した。護国寺は、石清水八幡宮の境内にある寺院、「神宮寺」ということになる。

神宮寺は、中世から近世まで続く「神仏習合」の時代を象徴するものである。神仏習合については、後の章で詳しく見ていくことになるが、その時代には神社と寺院は一体の関係にあった。したがって、石清水八幡宮は、神社でもあり、同時に寺院でもあった。寺院なら山の上にあっても不思議ではない。とくに石清水八幡宮が創建された平安時代には、比叡山延暦寺や高野山金剛峯寺のように山中に寺院が建てられるようになる。

神社に社殿が建てられるようになるのは、神仏習合の時代が訪れてからではないだろうか。寺院建築は、法隆寺などの例に見られるように日本でも歴史は古い。神社の境内に神宮寺が設けられるようになることで、神社の社殿を設けようという試みが生まれたのだとしても不思議ではないのだ。

†神社に社殿が建てられていくプロセス

神社に社殿が建てられていくプロセスを大神神社の場合で追ってみれば、次のようになる。

まず、祭祀は山のなかにある磐座で行われた。磐座の前が祭場となり、供物などが捧げられるが、前の章で見たように、何らかの形でその場に神が出現した、あるいは出現したと信じられた。神と交わることが祭祀の目的であり、託宣を得るということも大きな意味を持った。

次には、神が立ち現れる磐座があることによって、山自体が神聖なものと見なされるようになる。山が神体山としてとらえられる段階である。神体山は「神奈備《かんなび》」などとも呼ばれる。その段階でも、磐座での祭祀は継続されているだろうが、山自体が信仰の対象ともなっていく。

そうなると、神体山とその外側の世俗の世界は、性格が異なるものとして区別される。聖と俗との分離が起こるのである。そして、その象徴として山の麓には鳥居が建てられることになった。

鳥居の起源については、さまざまな説が唱えられているが、定説は存在しない。鳥居は木材で造られるため、古いものは残っていないし、発掘されることもない。しかし、神の世界と世俗の世界とを区別する役割を果たしていることは間違いない。

神体山の前に鳥居だけが建っているという光景は、出雲大神宮の牓示図が示すところである。「延喜式神名帳」が編纂された時代の神社は、多くがそうした形態をとっていたのではないだろうか。

ところが、神仏習合の傾向が強くなることで、神社も仏教建築の影響を受け、神体山の前に拝殿が設けられるようになる。あるいは、「信貴山縁起絵巻」に見られるように、小祠が建てられるようになっていった。

そして、これについては大神神社では起こらなかったことだが、最終的に本殿に神が祀られ、それを拝殿から礼拝する形が一般化する。こうしたプロセスを経て、現在の神社建築のスタイルが成立したのである。

このプロセスは、稲荷信仰の総本社である伏見稲荷大社についても確認できる。

伏見稲荷大社の場合、本殿は明応八（一四九九）年に再建されたもので、その手前には内拝殿が設けられている。本殿は重要文化財に指定されているが、それ以前のものは応仁二（一四六八）年に焼亡したとされる。

現在、伏見稲荷大社と言えば、「千本鳥居」がシンボルになっている。朱塗りの鳥居がどこまでも続いている光景は圧巻である。

しかし、拙著『京都がなぜいちばんなのか』（ちくま新書）で詳しく論じたように、千本鳥居は明治以降に生まれたもので、それ以前には存在しなかった。

そこには、明治時代からはじまった「お塚」の信仰が関係していた。伏見稲荷大社の社殿は稲荷山の麓に設けられて、稲荷山が神域とされる。その稲荷山のなかには、神名を刻んだ多くの石碑が建てられており、それがお塚である。

お塚の数は、現在、一万基を超えるとされるが、明治三五（一九〇二）年の時点ではわずか六三三基だった。このお塚に奉納するために、朱色の鳥居が建てられたり、供えられたりすることで、やがて千本鳥居が形成されたものと考えられる。

お塚のある稲荷山は神域とはされているものの、禁足地にはなっていない。したがって、自由に登ることができるが、それは、平安時代から同じだった。清少納言の「枕草子」には、稲荷の祭礼が営まれる初午《はつうま》の日に、稲荷山を詣でた話が出てくる。ただ、彼女は登りおりの苦しさに途中で後悔している。この時代には、稲荷山をめぐればご利益があると信じられていたようだ。

注目されるのは、稲荷山にはいくつかの峰がある点である。それは一ノ峰、二ノ峰、三

伏見稲荷　千本鳥居

ノ峰、間ノ峰、荒神峰《こうじんみね》と呼ばれる。それぞれの峰には、現在お塚が建てられ、社殿もあって神社のようになっているが、もともとは小さな山だった。享禄四（一五三一）年頃のものとされる「稲荷山山頂図」では、そうした峰は上ノ塚、中ノ塚、下ノ塚、人呼塚《ひとよびづか》（命婦塚《みょうふづか》）、荒神塚と呼ばれている。ここで言う塚は小山を意味している。

　こうした峰や塚は磐座ではないが、「稲荷山山頂図」には、釼石《つるぎいし》（雷石）という大きな岩も登場する。これは、現在御剱社として祀られている。古代の稲荷山では、こうした塚や岩のところで祭祀が行われていたものと推測される。

　とすれば、それは三輪山での古代の祭祀のあり方に近い。上ノ塚、中ノ塚、下ノ塚と塚が三

稲荷山山頂図

つである点も、三輪山の三箇所の磐座と似ている。その後の発展の仕方は大きく違うが、三輪山と稲荷山とはもともと信仰形態が共通していた可能性がある。

稲荷山でお塚の信仰が生まれたのも、それを遡れば古代の磐座の信仰に行き着くのではないだろうか。伏見稲荷大社でも、社殿が設けられ、そこで祭祀が行われるようになるのは、後の時代になってからのことである。

「神が社殿の中に常在している」といつから考えられたのか

社殿、とくに本殿という閉ざされた空間のなかに、常に神がいる、神が常在しているという考え方が、いったいいつ生まれたのか、それを明らかにすることは難しい。教義の発達していない神道の世界では、その実態について、あるいはなぜ常在していると言えるのか、それを伝える文献史料が存在しないからである。神道の世界で、このことをめぐって議論が戦わされた形跡を見出すこともできない。

しかし、時代を遡れば、祭祀は磐座で営まれていた。しかも、磐座に神が常在するという考え方はなく、祭祀のたびに神はその場に呼び出された。

吉野ヶ里遺跡の主祭殿のことについては、前の章でふれたが、磐座でのことを考えれば、卑弥呼の時代に室内で祭祀が行われていたとは考えにくい。実際、邪馬台国のありさまについて述べた「魏志倭人伝」において、そこに神殿があったとは記されていない。

同じ弥生時代の遺跡として著名なものに、静岡県の登呂遺跡がある。登呂遺跡では、高床式の建物が復元されているが、それは神殿とされ、屋根には千木《ちぎ》と鰹木《かつおぎ》がおかれ、太い棟持柱も設けられている。

これが、伊勢神宮の正殿をもとにしたものであることは明らかである。正殿のもとになるものが、すでに弥生時代に存在したというわけである。

考古学上の発掘調査が行われ、遺跡として残される場合、規模の大きな建物が復元され、それが神殿とされることが多い。それは、太い柱の跡が発見されたからだが、観覧者や観光客を引き寄せる上で、神殿があるかどうかは重要である。吉野ヶ里でも登呂でも、竪穴式住居がいくつも復元されているが、ほかに、高床式の倉庫を復元しただけだとすれば、自ずと注目度は低くなる。

しかし、弥生時代に室内で祭祀が行われていたことも、高床式の神殿が設けられていたことも、考古学者の推測にもとづくものである。柱の跡しか発見されていない以上、それが事実であることを裏づけることは不可能である。

私たちが神社に参拝したとき、拝殿やその前で祈りを捧げるわけだが、手を合わせた先には本殿があり、そこに神が神体に宿る形で存在していることが前提になっている。しかし、神はもともと本殿の狭い空間のなかにいたわけではない。神殿がいつから生まれたかは明らかではないものの、それ以前に、神殿の建物がない時代があったことは間違いない。

本殿のない神社に、新たにそれが建てられたとき、その神社を祀る人間たちは、どうやって神を本殿に呼び込んだのだろうか。果たしてそのために何らかの手段が講じられたのだろうか。今、新たに社殿が建てられれば、そこに神を呼ぶための祭祀が営まれる。ほとんどの場合には、すでに別のところで信仰の対象となっている神がその神社の祭神として勧請されることになるが、どこにも祀られていなかったまったく新しい神が祭神となることもある。

新たな神を祀るということであれば、靖国神社で行われてきた招魂祭《しょうこんさい》がそれに当たる。靖国神社には「招魂斎庭《さいてい》」というものが設けられている。それは現在、靖国会館の脇にある駐車場の奥にある。鳥居は建っているものの、一般の参拝者の目にはつきにくい。それも、現在では、新たに戦没者を英霊として祀ることが行われていないからで、以前は、駐車場全体が招魂斎庭だった。靖国神社では、戦没者を本殿で祀る前に招魂斎庭にその霊を招く。それが合祀祭である。

靖国神社の前身となるのは東京招魂社で、それが創建されたのは明治二（一八六九）年のことだった。靖国神社への改名は明治一二年である。東京招魂社のもとをたどれば、慶応元（一八六五）年に山口県の下関桜山に設けられた招魂場に行き着く。これは、高杉晋作が組織した奇兵隊士の共同墓地に造られたものだった。

ここには、神を祀る際に、神を招く招魂という祭祀が必要であることが示されている。神は招くものであり、招かれることでそこに鎮座する。そして、祀り手は、鎮座した神に

靖国神社　招魂斎庭

対して継続して祭祀を営むことになる。

　しかし、いったん本殿という閉ざされた空間に安置された神は、祭祀の対象ではあっても、祀り手の前に直接その姿を現したり、託宣を下したりする存在ではなくなる。本殿には扉が設けられているが、それが開かれることはほとんどない。遷座が行われるときなどに限られる。

　それは、人と神とのあいだに隔たりが生まれたことを意味する。本殿の前で丁重に祭祀が営まれたとしても、人と神とが直接にふれあうことはなくなったのである。

†神が神社によって独占されている?

　世界の宗教を眺めてみたとき、こうした

日本神道における神の祀り方は極めて特殊なものと言える。
一神教の世界では、神は世界に遍在するとされ、特定の場所に鎮座しているわけではない。

たとえば、イスラム教のモスクの内部の壁にはミフラーブと呼ばれる窪みがあり、信者は、その方向にむかって礼拝を行う。ミフラーブは、聖地メッカの方角であるキブラを示すもので、メッカの中心にはカアバ神殿が設けられている。

カアバ神殿は、その地域にイスラム教が広がる前から存在するもので、かつてはアラブの各部族の神像が祀られていた。それをムハンマドが一掃してしまったのだが、それ以降、内部には何も祀られていない。神体に当たるものはなく、そのなかに人が入ることもできる。カアバ神殿は、巡礼が行なわれる際に金糸の刺繍のある黒い布で覆われる。

神殿の左端には黒石がはめこまれており、巡礼者はそれをさわることで幸運がもたらされると考えているが、これもイスラム教以前からあるもので、神体というわけではない。神がカアバ神殿に鎮座しているというわけではないのだ。

キリスト教の世界には、カアバ神殿にあたる中心的な聖地はない。カトリックでは、バチカンのサン・ピエトロ大聖堂が中心と見なされ、そこにはローマ教皇がいる。だが、大

カアバ神殿

聖堂に安置されているのはイエス・キリストの弟子、ペテロの遺骨、聖遺物である。

聖遺物を安置するカトリック教会は多いが、神が教会に常在しているという考え方がとられることはない。

ユダヤ教のシナゴーグには、「トーラー」が安置されているが、それは神の教えを伝えたモーセ五書であり、神だというわけではない。一神教では、神をある特定の場所に祀るということはあり得ないのである。

多神教の世界においては、神像が祀られる。仏教であれば、仏像が祀られる。神像や仏像をどのようにとらえるかは案外難しい。それが神や仏そのものなのかどうか、はっきりとした位置づけがなされていないからである。

ただ、神像は、ギリシアでもインドでも、そして中国でも、そのまま祀られており、閉ざされた空間に納められることはない。仏像のなかには、秘仏として厨子《ずし》に納められているものもあるが、これは密教の信仰が浸透してから生まれたやり方で、神道の神の祀り方とは性格が異なる。

となると、閉鎖的な空間に神を鎮めるという神道のやり方は、世界の宗教のなかで極めて特殊なものであるということになる。

これは、神が神社によって独占されていると見ることもできる。神が本殿に常在している以上、神を拝むには神社に赴くしかない。あるいは、その神社の頒布する神札を神棚に祀り、それを拝むしかない。

果たしてそれは正しい考え方、正しいやり方なのだろうか。その点については、一度検討の必要があるのではないだろうか。

次の二つの章では、日本を代表する神社である伊勢神宮と出雲大社を取り上げ、そこにおける神の祀り方や社殿の設け方について考えることとする。

第4章

神宮の式年遷宮はいつ始まったのか

†なぜ二〇年に一度「式年遷宮」が必要なのか

　伊勢神宮の正式な名称は「神宮」である。組織としては、戦後の宗教法人法のもとで、「宗教法人神宮」を名乗っている。

　歴史を振り返ってみるならば、伊勢神宮は「大神宮」を呼ばれることが多かった。神宮を名乗る神社はほかにもあるが、大神宮と言えば、もっぱら伊勢神宮のことをさした。

　江戸時代になり、庶民の間にも伊勢参りが流行するようになると、伊勢神宮は「お伊勢さん」と親しみを込めて呼ばれるようになる。現代では、かつてほど大神宮と呼ばれることは少なくなったが、お伊勢さんの方は頻繁に使われている。

　伊勢神宮の大きな特徴は、内宮と外宮の二つに分かれているところにある。内宮の正式な名称は「皇大神宮《こうたいじんぐう》」、外宮は「豊受大神宮《とようけだいじんぐう》」である。内宮の祭神を、神宮は「天照坐皇《あまてらしますすめ》大御神《おおみかみ》」と呼び、外宮の祭神は「豊受大御神《とようけのおおみかみ》」と呼んでいる。天照坐皇大御神は、一般に天照大神、あるいは天照大御神と呼ばれる。豊受大御神も、豊受大神と呼ばれることが多い。

　伊勢神宮のもう一つ大きな特徴は、二〇年に一度「式年遷宮」が営まれることにある。

伊勢神宮　内宮の鳥居

伊勢神宮の他にも、歴史のある神社では式年遷宮を営んでいるところがあるが、そうした神社では社殿の修復が中心である。上賀茂神社（賀《か》茂《も》別雷《わけいかずち》神社）や住吉大社などでは、今でもおおむね二〇年ごとに一度行われている。かつてはもっと多くの神社で行われていたが、今は行われなくなったところもある。出雲大社の場合には、定期的に遷宮が行われるわけではないので、式年遷宮には含まれない。

　伊勢神宮では、式年遷宮によって二〇年に一度、社殿が一新される。それは内宮と外宮の正殿だけではなく、六五棟の社殿全体に及び、鳥居も瑞垣《みずがき》も、そして内宮に至る宇治橋も造り替えられる。それにあわせて、七一四種一五七六点の神宝も造り替えられる。

式年遷宮は大規模な事業であり、二〇一三年の際には五五〇億円が費やされ、およそ一万本の檜が用いられた。伊勢神宮では、大正時代から遷宮で用いられる檜の育成を行っており、すでに一〇〇年が経過しているが、二〇一三年には間伐材が用いられただけだった。社殿に使われる檜を育成するには二〇〇年の歳月が必要だとされる。

なぜ二〇年に一度、これだけの大事業を営まなければならないのだろうか。

伊勢神宮の公式サイトを見ると、「その理由についてはいずれの書籍にも記載がなく、これまで様々な理由が推定されてきました」と述べられている。そして、「結果的にみると、二〇年に一度行われてきたことが、唯一神明造という建築技術や御装束神宝などの調度品を現在に伝えることができ、今でもいつでも新しく、いつまでも変わらない姿を望むことができます。これにより神と人、そして国家に永遠を目指したと考えられます」と、その効果に絞って説明が施されている。

式年遷宮の対象となる伊勢神宮の建物は皆素木《しらき》造りであり、二〇年が経過すると、相当に痛んでくる。この点について、私は宗教学者の山折哲雄氏から、興味深い話を聞いたことがある。

山折氏は、一九九三年の式年遷宮の際に、それを見守る「火焚きの翁」の役を務めているが、昼間、古い正殿を見学する機会があったという。その体験を踏まえ、「もうあちこち朽ちはててボロボロになっていた。木造の建物というのは、二〇年したらもう建て替えなければならない、二〇年ごとに遷宮をしなければならない必然的条件というものがわかったね」と述べていた（山折哲雄・島田裕巳『日本人の「死」はどこにいったのか』朝日新書）。

こうした点から、伊勢神宮については「常若《とこわか》」ということが言われる。常若とは、いつまでも若々しいことを意味する。二〇年に一度の遷宮によって、社殿が一新されることで、常若の状態が保たれるというわけである。

私も、二〇一三年の遷宮の三年前に伊勢神宮を訪れたことがあるが、屋根など相当に痛んでおり、まさに「ボロボロ」だった。葺き替えの必要があることは、それを見ただけでも明らかだった。

では、伊勢神宮の式年遷宮は、いったいいつからはじまったのだろうか。

†式年遷宮はいつから始まったのか

伊勢神宮の公式サイトでは、式年遷宮を発意したのは天武天皇で、次の持統天皇四（六九〇）年に内宮の遷宮が行われ、同六（六九二）年に外宮でも遷宮が行われたとされている。それ以降、「一時の中断はあったものの、これまで二〇年に一度、約一三〇〇年の長きにわたり繰り返し行われ」てきたという。

伊勢神宮の経済基盤が整ったのは、六四五年の大化の改新以降のことで、神宮には神部《かんべ》と神田《しんでん》が付与された。神部とは、神宮に所属し、租庸調を納める家のことをさす。ところが、律令制が解体し、荘園化が進むと、神宮の神職も新たに御厨《みくりや》を開墾し、それで経済を支えなければならなくなった。ただし、それでは安定せず、一一世紀後半以降には、「役夫工米制《やくぶくまい》」が定められ、式年遷宮にかかる費用を全国から徴収するようになった。

室町時代に幕府の権力が弱体化すると、役夫工米制は機能しなくなる。そのため、外宮の遷宮は一四三四年に行われた後、その一一九年後の一五五三年まで行えなかった。内宮も、一四六二年の遷宮の後、一二三年後の一五八五年まで行われなかった。一時の中断とは、この時期のことをさす（新田功「観光の原点としての伊勢参宮についての経済的・統計的考察」『新情報』二〇一四年一一月）。

中断の後、遷宮が再開されたのは、織田信長をはじめ、豊臣秀吉、そして徳川将軍家が資金を調達したからである。明治に入ると、そうした役割は国家が果たすようになり、内務大臣の監督下に造神宮使庁《ぞうじんぐうしちょう》が設けられ、そこが社殿の造営や神宝・装束の調進を担うようになった。

戦後になると、日本国憲法によって政教分離の原則が確立され、神宮の式年遷宮を国家が担うことはなくなった。神宮は、民間の宗教法人となり、自前で遷宮の費用を調達しなければならなくなった。それを支えたのが、戦後に生まれた神社本庁である。神社本庁は、伊勢神宮を「本宗《ほんそう》」と位置づけ、式年遷宮をつつがなく行うことに活動の中心を置くこととなった。現在では、日本の国家は、神宮の式年遷宮に対していっさい費用を捻出してはいない。

ただ、ここで注目しなければならないことがある。それは、日本の最初の正史である「日本書紀」に、最初の式年遷宮のことが出てこないことである。制度が確立された話も出てこない。

では、式年遷宮の制度の制定と、その開始については、どういった史料に記されているのだろうか。

天武天皇が制度を定めたということについて記しているのが、「太神宮諸雑事記《だいじんぐうしょぞうじき》」や「二所大神宮例文《にしょだいじんぐう》」などである。史料によって、制度を定めた年が異なっている。だからこそ、伊勢神宮の公式サイトで、いつの年かが明記されていないわけである。ただ、持統天皇四年と六年に内宮と外宮の遷宮が行われたとする点では、そうした史料は一致している。

問題は、こうした史料が信頼に値するかどうかである。

「太神宮諸雑事記」は、内宮の禰宜《ねぎ》であった荒木田一族が書きついできたものである。延久三（一〇七一）年までのことが記されており、平安時代末期の撰とされる。

一方、「二所大神宮例文」の方は、巻末に「干時明応六年丁巳八月一四日氏経卿自筆本以之筆之」とあり、最後に荒木田俊重と記されている。明応六年は一四九七年のことである。氏経は伊勢神宮の正員《しょういん》禰宜だった。

どちらの史料でも、第二回以降の遷宮についても記されている。ただし、「二所大神宮例文」では、遷宮が行われた年が記録されているだけである。「太神宮諸雑事記」になると、火災や風水害で被害を受けたことや、勅使が訪れたことなどが記されているものの、遷宮の詳しい進め方については述べられていない。少なくとも、現在のように、何年もかけて遷宮の作業が行われたようには見えない。

本当に遷宮は持統天皇の時代から行われていたのだろうか。そうした疑問が湧いてくる。

†なぜ天皇は、伊勢神宮を訪れていないのか

その点に関連して、「日本書紀」には注目される記事がある。

内宮の第一回の遷宮が行われた直後の持統天皇六年、持統天皇は伊勢への行幸を発表する。ところが、三輪朝臣武市麻呂《みわのあそんたけちまろ》という家臣の強硬な反対にあう。行幸が農事を妨げることになるというのである。三輪朝臣は大神神社の神主の家の人間である。その点からすると、朝廷の祭祀の中心が大神神社から伊勢神宮へ移ることを阻もうとしたとも考えられる。彼は冠位を返上してまで行幸を止めようとした。それでも持統天皇は行幸を強行した。

なぜ持統天皇は、家臣の強硬な反対にあってもなお、伊勢行幸を強行したのだろうか。それが疑問として浮上してくるが、天皇は遷宮がなったばかりの伊勢神宮の姿を確かめようとしたのであろうか。そうとも考えられるが、「日本書紀」の記事のなかには、神宮のことはまったく出てこない。

持統天皇の父は天智天皇で、夫が天武天皇である。持統天皇は、天武天皇が亡くなったことで皇位を継承することとなった。ならば、天武天皇が神宮の式年遷宮を制度として定めたことを知っていたはずである。しかも、内宮と外宮のはじめての遷宮は持統天皇の時

代に行われている。

持統天皇は伊勢まで行幸していながら、伊勢神宮を訪れていない。参拝したということは、「日本書紀」には伝えられていないのだ。

しかも、持統天皇以降、代々の天皇は、明治時代になるまで誰一人として伊勢神宮に行幸していない。明治二(一八六九)年に明治天皇が伊勢神宮を参拝したのが、代々の天皇のなかで初めてのことだった。

なぜ代々の天皇は、天皇家の祖先神である天照大神が祀られている伊勢神宮を訪れなかったのだろうか。式年遷宮がいつからはじまるかという謎も解けていないが、ここに新たな謎が生じることになる。

伊勢神宮には、「斎宮」の制度があった。これは、皇室に生まれた女性の内親王や女王が選ばれ、潔斎を行いながら伊勢神宮の祭祀に奉仕する制度である。古代にはじまり南北朝時代まで続いたが、邪馬台国の卑弥呼のような祭祀女王を思わせる。この斎宮が伊勢神宮に常駐していたために、天皇の参拝を必要としなかったとも考えられる。あるいは、伊勢神宮への行幸に相当な費用がかかることが理由だという説もある。けれども、持統天皇のように伊勢に行幸した天皇はいるわけで、経済的なことが理由ではないはずだ。

これは大きな謎だが、未だに解かれてはいない。少なくとも何らかの文献に理由が説かれているわけではない。

この謎は、式年遷宮がいつからはじまったのかということにも関係していくものと思われる。

天照大神のことについては、ここまでいろいろと述べてきた。古事記や日本書紀では重要な役割を果たしている。世界中のさまざまな民族では太陽神の信仰が見られるが、天照大神も、その名称や岩戸隠れの物語を踏まえるならば、太陽神としてとらえることができる。中世の神仏習合の時代に、天照大神の本地仏が密教の本尊大日如来とされたことも、太陽神であったことを裏づけている。

「日本書紀」において、最初、天照大神が、倭大国魂命《やまとのおおくにたまのみこと》とともに宮中に祀られていたとされたことについてはすでにふれた。疫病が流行し、百姓が離反するという動きも起こったので、宮中から遠い伊勢に祀られたというのである。

伊勢に祀られるまでの経緯についても、「日本書紀」に記されている。疫病が発生したのは崇神天皇五年のことで、百姓の離反は翌年のこととされる。

二柱の神は、宮中から引き離され、天照大神は豊鍬入姫命《とよすきいりひめのみこと》に預けられ、倭の笠縫邑《かさぬいのむら》に祀られた。一方、倭大国魂命は、渟名城入姫命《ぬなきいりびめのみこと》に託されるのだが、姫は髪が脱け落ち、やせ衰えて神を祀ることができなかったという。それだけ神が強力だったということになる。結局、倭大国魂命は奈良県天理市の大和神社に祀られた。

天照大神が一時祀られた倭の笠縫邑がどこであるのか、これまで多くの候補地があげられているが、場所は確定されていない。だが、候補地のほとんどは奈良県桜井市周辺に集中している。つまり、天照大神は宮中から引き離されたものの、いったんはその近くに祀られた。だが、それで決着がついたわけではなかった。

その後については、崇神天皇の後を継いだ第一一代の垂仁天皇のところで語られている。垂仁天皇二五年三月一〇日の条では、天照大神の祀り手は、豊鍬入姫命から垂仁天皇の第四皇女であった倭姫命に代わったと述べられている。祀り手が代わっただけではない。倭姫命は、天照大神を祀る場所を求めて大和国から近江、美濃国を経て伊勢国に至る。伊勢国に至ったとき、天照大神は、「是の神風の伊勢国は、常世の浪の重浪《しきなみ》の帰する国なり。傍国《かたくに》の可怜《うま》し国なり。是の国に居らむと欲ふ」とのたまい、伊勢の地が気に入ったという託宣を下した。それによって天照大神は伊勢国に祀られたというのである。

事情は、倭大国魂命と共通する。神があまりに強力であるため、倭姫命は、神を鎮座させる最適な地を探し求めなければならなかった。たしかに伊勢は、現在でもそうだが、風光明媚で食べ物もおいしい土地である。神に対しては神饌《しんせん》が捧げられることになるが、伊勢ならその調達に困らない。

もちろん、倭姫命をめぐる話は神話であり、姫自身が実在したかどうかも分からない。その父、垂仁天皇もその実在は不確かである。

その点で、天照大神が伊勢に祀られるまでの経緯は神話にしか語られておらず、はっきりとは分かっていないことになる。

†恐ろしい力を持った天照大神

宮中に祀られていたとき、天照大神は疫病を引き起こしたとされる。それは、倭大国魂命とともに祀られていたからだとされるが、倭姫命が、祀るのに最適な地を探して各地を流浪したことを考えれば、単独でも禍を引き起こす危険性を秘めていたものと考えられる。

実際、天照大神は、誓約の場面では武装して現れた。また、第2章で見たように、自らの子孫であるはずの仲哀天皇が意志に逆らうと、その命を絶ってしまった。祟り神とは言いきれないかもしれないが、簡単には鎮めることができない神としてとらえられていたことは間違いない。

それは、神話の上での話というだけではなく、古代の人々には実感されていたことではないだろうか。祭祀を行うことで、神の出現に遭遇した人々は、神の力の恐ろしさを感じていたはずである。

とくに天皇にとっては、それは切実な事柄だったであろう。最初宮中に天照大神が祀られていたということは、天皇の近くに神がいたことを意味する。祀り方がどのようなものであったかは分からないが、天皇にとって、天照大神という祖先神は、簡単には近づいてはならないものとして意識されていたに違いない。

「日本書紀」の垂仁天皇二五年三月一〇日の条で、天照大神が伊勢に鎮座することになったことが語られた後、「因りて斎宮を五十鈴の川上に興つ」と述べられている。その上で、「一《ある》に云はく」として別の伝承についてふれられている。

その伝承によれば、「天皇、倭姫命を以て御杖《みつえ》として、天照大神に貢《みつぎ》奉りたまふ」というのである。これは、倭姫命が天照大神を伊勢に祀る前のことになるわけだが、御杖について、日本古典文学大系版は、「杖は神の降下のヨリシロとしての樹木の役割をもつ」と注記している。倭姫命は、依代として天照大神に捧げられたというのである。

この記述からは、倭姫命は人身御供となったかのようにも読める。七世紀も終わりになると斎宮の制度が確立され、多くの内親王や女王が斎宮となったが、それから退いた後に、彼女たちは原則として独身を守らなければならなかった。この点も、人身御供のイメージに結びつく。神を祀ることに人生のすべてを賭けなければならないからである。

伊勢神宮における斎宮をモデルとして、賀茂《かも》社《しゃ》には「斎院」が設けられた。賀茂社は、現在の上賀茂神社（正式には賀茂別雷《わけいかづち》神社）と下鴨神社（同じく賀茂御祖《かもみおや》神社）のことである。

平城上皇と嵯峨天皇が対立することで起こった大同五（八一〇）年の「薬子《くすこ》の変」の際に、嵯峨天皇が賀茂社に祈願を行い、それがかなったため、皇女である有智子《うちこ》内親王を賀茂社に奉仕させたのが斎院のはじまりである。この制度は一三世紀初期まで続いた。

斎院の場合にも、そこから退いた内親王や女王は生涯独身を守ることがほとんどで、その点では斎宮と共通する。

しかし、賀茂社は豪族の賀茂氏が祀ってきたもので、皇祖神が祀られてきたわけではない。伊勢神宮が、都から遠い伊勢に祀られたのに対して、賀茂社は都にあり、神が朝廷から遠ざけられたわけでもない。

何より、天慶五（九四二）年には、第六一代の朱雀天皇が賀茂社に行幸しており、その後も、御一条天皇や後醍醐天皇が行幸している。伊勢神宮に代々の天皇が行幸しなかったのとは対照的である。

賀茂社は王城鎮護の神社として、天皇も行幸することで積極的にかかわったが、伊勢神宮はそうではなかった。そこには、天皇の側、朝廷の側の伊勢神宮に対する恐れの気持ちが強く働いていたように思われる。

その結果、伊勢神宮が、賀茂社や第二の皇祖神を祀った石清水八幡宮に比較して軽視されるようなことも起こった。鎌倉時代の日蓮は、文永一二（一二七五）年二月一六日に記した「新尼御前御返事《にいあまごぜんごへんじ》」という書簡のなかで、「国王は八幡・加茂等を御帰依深くありて天照太神の御帰依浅かりし」と述べていた。日蓮は、その結果、天照大神が怒り、源頼朝が将軍となって日本の国を掌握したととらえていた。

式年遷宮についても、こうしたことが関係している可能性がある。

天照大神が伊勢に遠ざけられ、斎宮がなかば人身御供のような形で定められたことには、神を鎮めるために丁重に扱うという目的があったものと考えられる。

二〇年に一度、社殿を一新するということも、そうした手段の一環ではなかっただろうか。

式年遷宮のあり方について、延長五（九二七）年に完成された「延喜式」では、「凡大神宮。廿年一度。造替正殿宝殿及外弊殿」と記されていた。さらに、これに注記される形で、度会宮《わたらいぐう》（外宮のこと）や別宮、あるいはその他の社について、社殿を造る年限はこれに准じると述べられていた。

問題は、この制度がいったいいつに遡るかである。

†正史に記述されている式年遷宮

では、「日本書紀」に続く正史の方では、伊勢の式年遷宮はどのように述べられているのであろうか。

最初に正史が言及している式年遷宮は、内宮の第六回のもので、「続日本後紀」の嘉祥二（八四九）年九月七日の条に、「遣左少辨従五位上文室朝臣助雄等奉神寶於伊勢大神宮。是廿年一度所奉。例成」とある。

ここでは、左少弁《さしょうべん》だった文室助雄《ふんやのすけお》に伊勢神宮に神宝を捧げさせたとあり、それは、二〇年に一度の例にしたがってのものであるとも述べられている。

ここでは、神宝についてはふれられていても、社殿についてはまったくふれられていない。

次いで「日本三代実録」に、内宮の第一〇回のことが出てくる。貞観一〇（八六八）年九月七日の条に、この日、右少弁藤原千乗《ふじはらのちのり》などを伊勢大神宮に遣わし、天照大神に財宝を奉らせたとある。これはやはり二〇年に一度造るものだという。ここに記されているやり方は、「続日本後紀」の記事と共通している。

同じ「日本三代実録」には、仁和二（八八六）年の内宮における第一一回遷宮の記事もあるが、九月五日の条では、大神宮の神宝は二〇年に一度造り改めるとされている。

これ以降、正史には遷宮のことは出てこない。遷宮が行われたことは、もっぱら「二所大神宮例文」などの伊勢神宮側の史料にしか出てこないのだ。

正史に出てきた遷宮は、すべて内宮のもので、外宮については出てこない。また、二〇年に一度という慣例に従って神宝が捧げられたとされてはいるものの、社殿が造り改められたとは記されていない。

外宮の正式な名称は豊受大神宮だが、その創建の由来については、「古事記」にも「日本書紀」にも出てこない。それについて記しているのが、「等由気《とゆけ》太神宮儀式帳」である。

これは、延暦二三（八〇四）年に、外宮の禰宜から神祇官を経て太政官に奏上されたもので、外宮で行われる儀式や年中行事、あるいは神職の職掌などについて述べられている。

この「等由気太神宮儀式帳」では、第二一代の雄略天皇の夢に、内宮に祀られている天照大神が現れたとされる。神は、五十鈴の川上に鎮座しているが、一人では心もとなく、食事も乏しいので、丹波国比治《ひじ》の真奈井《まない》にある豊受大神を呼んで、自分の食事を司る御饌都神《みけつかみ》としてほしいという託宣を下した。そこで外宮に祀られることになったというのである。

果たしてこれが事実であるのかどうかを確かめることは困難だが、外宮創建の由来がこのようであったとしたら、内宮に比べて、その地位は決して高いとは言えないことになる。天照大神が皇祖神であるのに対して、豊受大神は毎日の食事を司る役割を負うものであり、天照大神に仕える存在であることになる。外宮に対して神宝が捧げられたという記事が正史に見られないのも、そうした内宮と外宮の立場の違いが影響している可能性が考えられる。

「等由気太神宮儀式帳」と同じときに内宮の禰宜が神祇官に提出したものが「皇太神宮儀式帳」で、そこでは内宮における祭神や行事、あるいは鎮座の由来や殿舎のことなどが述べられている。鎮座の由来は、「日本書紀」に述べられていることと共通するが、そのなかに、「常に廿箇年を限りて一度新宮に遷し奉る」とある。

さらに、遷宮にあたっては、造宮《ぞうぐう》長官をはじめ次官や判官が任命され、伊勢・美濃・尾張・参河《みかわ》・遠江《とおとうみ》の各国から役夫が徴発されることが記されている。

「皇太神宮儀式帳」は「等由気太神宮儀式帳」と合わせて「延暦儀式帳」とも呼ばれるが、二〇年に一度の式年遷宮について述べた九二七年の「延喜式」に比べて一〇〇年以上古い史料ということになる。

ただ、この二つの文書は写本の形でしか残っていない。ともに鎌倉時代の写本で、「皇太神宮儀式帳」の方になると残巻である。鎌倉時代の写本は一部しか伝わっていないことになる。

その点で、「延暦儀式帳」が本当に八〇四年に作られたものなのかどうか、疑わしいところがないとは言えない。何より気になるのは、「続日本後記」や「日本三代実録」で、神宝を捧げたとしか記されていないことである。

ただ、「日本三代実録」において、第一一回の遷宮の前年、仁和元（八八五）年一一月二一日の条には、伊勢神宮に造宮司の判官と主典《さかん》が任命され、前回の貞観一〇年の修造から一八年が経過していると記されている。修造とあるからには、神宝が奉じられただけではなく、社殿の改築が行われたものと考えられる。

このように見ていくと、「延暦儀式帳」の成立年代がいつかは確定できないものの、当初の段階では神宝を捧げることだけが行われていたものと考えられる。しかもその対象は内宮に限られたのである。やがては、それが外宮にも及ぶようになり、さらには二〇年に一度社殿の造り替えが行われるように変化していったものと思われる。

†二〇年に一度、神宝を奉納していた

この点で注目されるのが、今見た仁和元年一一月二一日の記事である。それからすると、造宮司が任命されてから遷宮が完了するまで一〇カ月もかかっていない。しかも、造宮司が任命されて、すぐに遷宮の作業が行われたとは思えない。遷宮に費やされた期間は、数カ月であった可能性が浮上する。それは、社殿が相当に簡素なものであったことを意味している。

ここでさらに注目されるのが、神宝を奉ったということについてである。

第3章で、宝殿ということばについてふれた。このことばは神殿を意味することもある

が、神宝を納める殿舎をも意味する。

現在の伊勢神宮の場合、瑞垣のなかには正殿だけではなく、二棟の宝殿が建っている。西宝殿と東宝殿である。正殿との位置関係は内宮と外宮では異なり、内宮では瑞垣南御門に対して正殿が手前にあり、その奥に宝殿がある。それが外宮では逆転し、正殿の方が奥にある。

なお、第3章でふれた奈良正暦寺に伝わる「伊勢両宮曼陀羅」では、内宮でも宝殿が手前にあるように描かれている。

現在の伊勢神宮では、東宝殿の方には、月次祭において皇室からの勅使によって奉納された布帛《ふはく》、衣服、紙、玉、酒などが納められ、西宝殿には、前々回の遷宮の際に奉納された神宝類が納められているとされる。

もし、「続日本後紀」や「日本三代実録」に述べられているように、九世紀の前半において、二〇年に一度行われたのが社殿の造り替えではなく、神宝を奉納することだけだったとすれば、それが宝殿に納められたことは十分に推測される。伊勢神宮の社殿は高床式であり、神宝を納めるにはふさわしい造りになっている。この宝殿が伊勢神宮における社殿のはじまりであり、その後に、正殿が建てられるようになったとも考えられるのである。

そして、二〇年に一度神宝を納めるということが、二〇年に一度社殿を建て替えるということに発展していったのではないか。少なくとも、九世紀段階の社殿は、それが宝殿であろうと正殿であろうと、造営にさほど時間がかからない簡素なものであったことは間違いない。第3章でふれた登呂遺跡に復元された神殿に近いものだったのではないだろうか。それは高床式の倉庫とさして変わらないものである。

第2章で見たように、日本の神道におけるもっとも原初的な祭祀は磐座で営まれたもので、その後、磐座のある山が神体山となり、その神体山の麓にやがて鳥居や拝殿、そして本殿が建てられていったのだとするのなら、伊勢神宮に七世紀終わりの時点で、今日のような社殿が建っていたとはとても考えられない。

ここで注目しなければならないのは、伊勢神宮にも磐座が存在していることである。内宮に行く場合、宇治橋をわたって右手に進んでいくが、左手に進むと内宮所管社となっている子安神社がある。そのすぐ北に神宮司庁の建物があるが、磐座はその北入口の丘にある。この丘は江戸時代から岩井戸山と呼ばれ、朝熊山《あさまやま》への登山口の一つだった。

朝熊山は朝熊ヶ岳が正式な名称で、その頂上には金剛証寺がある。この寺は現在臨済宗南禅寺派に属しているが、空海が再興したと伝えられ、一四世紀末までは真言宗の寺院だった。実際に訪れても、禅寺の趣はない。中世の時代においては伊勢神宮の鬼門を守る寺とされ、「伊勢へ参らば朝熊を駆けよ、朝熊駆けねば片参り」と言われた。伊勢参りをした者が必ず訪れる場所となっていたのである。

金剛証寺のある朝熊山を伊勢神宮の神体山としてとらえるならば、古代において、そこにある磐座で祭祀が行われていたことは十分に考えられる。

しかも、内宮の北には、内宮の境内別宮で天照大神の荒魂を祀る荒祭宮《あらまつりのみや》がある。そのさらに北の方角に磐座がある。つまり、内宮に参るならば、結果的に、磐座を遥拝《ようはい》する形になるわけである。

現在の伊勢神宮において、この磐座はまったく重視されていないし、注目もされていない。大神神社のように注連縄がはられているということもない。伊勢神宮とはまったくかかわりはないという扱いである。

しかし、文久元（一八六一）年に記された「宇治郷之図」（伊勢古地図研究会編、伊勢文化会議所）では、磐座の絵が描かれ、そこには岩井神社と記されている。

この岩井神社のことは、「皇太神宮儀式帳」にも記されており、「石井（イハヰ）神社大水神兒高水上命形石坐」とある。これは、磐座に神が宿っていることを意味しているものと考えられる。「皇太神宮儀式帳」では、現在の摂社、末社が「形石坐《みかたいしにます》」と述べられており、それぞれが石を祀っていたと見ることができる。こうした石のほとんどは、明治時代になって廃棄されたと言われる。

重要なのは、磐座の上に平らな面があり、そこでは遷宮で用いられる用材を伐採する前に「山口祭」が営まれることである。山口祭は、一般の建築物なら地鎮祭にあたるものと考えられるが、伊勢神宮の神職だけで営まれ、外部の人間はそれを拝見することはできない。

一連の遷宮の儀式のなかで、この山口祭は最初に位置している。その重要な儀式が、磐座のかたわらで営まれるということは、磐座のある空間が極めて重要なものであることを意味するのではないか。

奈良正暦寺蔵の「伊勢両宮曼陀羅」では、内宮の社殿の左上に「朝熊嵩《あさまだけ》」と記されている。また、もう一つ、左下には、天照大神を伊勢に祀ることになる大和姫（倭姫）が山神と出会う場面が描かれている。山神は内宮の方を指し示している。

その左には岩が描かれ、そこには「鏡岩」と記されている。鏡岩は、内宮から高麗広《こうらいびろ》と呼ばれる神域へ向かう途中にあるもので、江戸時代の「伊勢参宮名所図会」では、鏡岩の

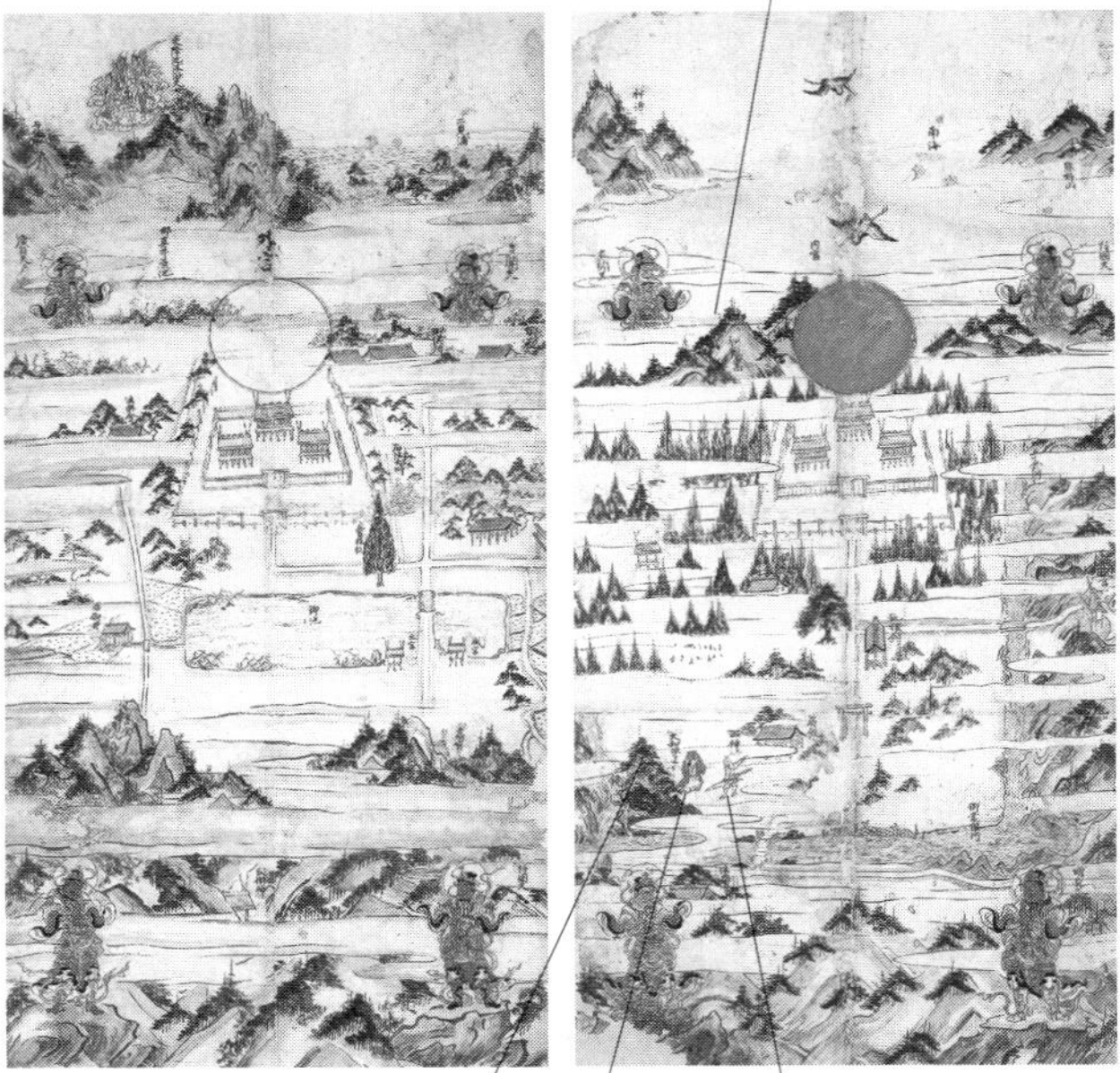

伊勢両宮曼陀羅（正暦寺所蔵）

ところに鏡石社と石登宇社《いしとうのやしろ》という二つの社が祀られていることが示されている。伊勢にも、いくつも磐座が存在したのである。

伊勢神宮の創建についての神話のなかで、こうした磐座について言及されているわけではない。しかし、神社における祭祀の一般的なパターンから考えると、伊勢神宮における祭祀が磐座からはじまったことは十分に考えられる。岩井神社の磐座が、内宮の北に位置し、現在でもそれを遠くから拝む形で礼拝が行われていることも、その可能性を暗示している。

†式年遷宮、制度化の流れ

ここで述べたことをまとめるならば、次のような経緯があったことが見て取れる。はっきりとした年代は分からないが、いつからか伊勢神宮には朝廷から神宝が奉られるようになり、やがてそれを納めるために宝殿が設けられるようになった。そして、宝殿のかたわらに神が鎮座する正殿が設けられるようになる。

正史に記されているところからすると、神宝を奉るのは二〇年に一度とされていた。その際の神宝が、今日のように豪華で立派なものだったかどうかは分からないが、それに近いものであれば、それを製作するには時間もコストもかかる。毎年神宝を新調するわけにもいかない。それで二〇年に一度と定められた可能性はあり得る。

そして、その二〇年という間隔が、神殿を一新することにも結びついた。神宝を一新するのだから、それを納める宝殿、さらには神殿もそのたびごとに建て直さなければならない。そうした感覚が生まれたのかもしれない。

歴史学者の下出積與《しもでせきよ》は、「八世紀代の伊勢神宮―遷宮の式年制の意味を中心として」（『明治大学人文科学研究所紀要』一六巻、一九七八年）という論文において、式年遷宮の制度化は平安京遷都を実現した桓武天皇の時代だったという主張を展開している。

それも、天武天皇の時代に式年遷宮が定められたとするのは、「太神宮諸雑事記」や「二所大神宮例文」など、伊勢神宮側の史料で、こうした史料は成立年代や内容の面からして信憑性が薄いからである。この点については、すでに述べた。

一方で、そうした文献よりはるかに重要で信憑性のある「延暦儀式帳」では、ただ二〇年に一度遷宮が行われるとするだけで、起源については言及されていない。

下出は、「皇太神宮儀式帳」に「延暦四年宮遷時」とあることから、延暦四（七八五年）年には確実に遷宮が行われたとする。桓武天皇が即位したのは天応元（七八一）年のことである。それを踏まえて下出は、「伊勢神宮の式年遷宮の制度化は、桓武天皇の治世初期、かりにそれ以上に遡るとしても奈良末期の光仁期を出ない時期に創ったものと推定したい」と述べている。

下出が言うように、天武天皇の時代に式年遷宮が定められたということはないだろう。だが、すでに見たように、正史においては、九世紀に入っても二〇年に一度神宝が奉られるのが恒例とされるだけで、社殿については言及されていない。その点で、式年遷宮の制度化は九世紀の終わり頃のことなのではないだろうか。

式年遷宮が制度化されたとは言っても、その時期の伊勢神宮は今日のような姿をとってはいなかったはずだ。造営には数カ月しかかかっておらず、その点で、弥生時代の遺跡に見られるような高床式倉庫をもとにした質素なものであったのではないか。現在では、神明造りの特徴とされる棟持柱も存在しなかったものと思われる。それは、「伊勢両宮曼陀羅」にも示されている。

このことは、天皇の即位儀礼である「大嘗祭」の際に建てられる大嘗宮からも裏づけられる。今日の大嘗宮は、相当に立派な建物で、建築費も工費もかなりかかる。ところが、昔の大嘗宮はわずか五日間で建設されるもので、しかも、大嘗祭が終わればすぐに撤去さ

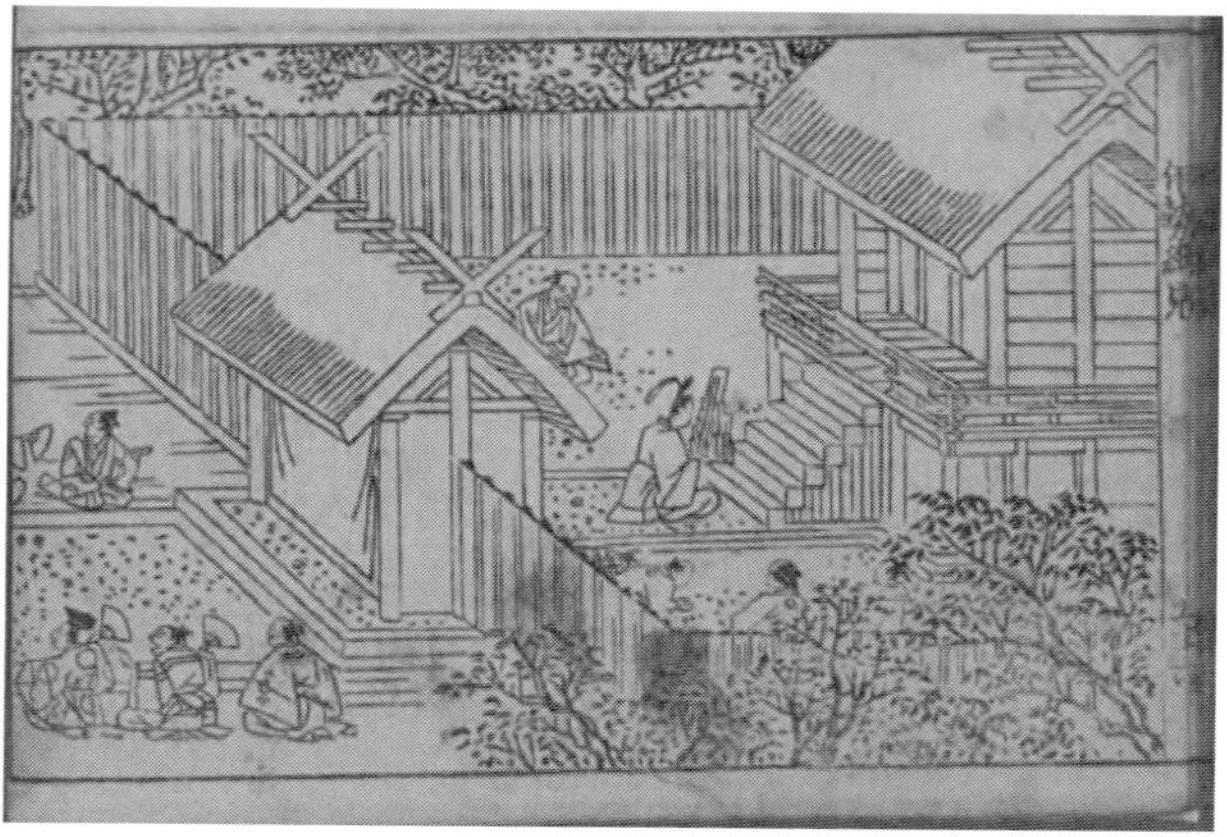

伊勢参宮細見

れた。その時代の大嘗宮は黒木造りであり、皮つきの丸太を用いた掘っ立て小屋だった。

重要なのは、神社の建物ではなく、そこで行われる祭祀である。それが神道本来の考え方である。かつて磐座で祭祀が行われたのは、そこが、神に現れてもらうためには、もっともふさわしい空間だと考えられたからである。それは、伊勢神宮についても言えるはずだ。

伊勢神宮の内宮には、荒木田氏という神職の家が生まれた。外宮には度会氏が生まれた。それぞれの神職の家は、伊勢神宮の祭祀を営む権利を独占しようとした。その際には、社殿を建て、そこを聖域とすることが有効だった。聖域には、神職以外の人間が立ち入ることが難しくなるからである。

伊勢参宮細見

あるいは、神社における社殿の起源は、そうしたところに求められるのかもしれない。伊勢神宮では、正殿と東西の宝殿は瑞垣で囲われ、神域とされる。現在では、その外側に内玉垣《うちたまがき》、外玉垣《とのたまがき》、そして板垣が設けられている。時代が進むとともに、そうした囲いはより多く、また厳重なものになったと考えられる。

江戸時代の「伊勢参宮細見大全」を見ると、内玉垣、あるいは外玉垣があるだけで、正殿と参拝者を隔てるものは一重にしか過ぎない。鎌倉時代の「遊行上人縁起絵」ともなれば、鳥居はあるものの、垣はいっさい描かれていない。正殿を囲うものは何もないのだ。それが事実を反映している保証はないが、当時の人たちが、幾重にも垣で囲まれた神社をイメージできなかったことは事実だろう。

社殿が幾重にも垣で囲まれるようになると、それにつれ、今度は社殿の建物がより立派なものになっていく。明治時代になると、伊勢神宮の社殿が写真に撮られるようになるが、明治二（一八六九）年や同二二年の式年遷宮のときのものは、今日のものより質素に見える。式年遷宮のはじまりは平安時代に入る頃と考えられるし、そのたびに、現在のような社殿が建てられてきたと考えるわけにはいかないのである。

では、出雲大社ではどうなのか。次にそれについて見ていきたい。

第5章 出雲大社の生き神・国造

†神が社殿に閉じ込められる変遷

改めて神社の変遷を考えてみれば、次のようになるはずだ。

最初は磐座で祭祀が行われ、次に磐座のある山が神体山として信仰の対象となった。その段階では、まだ社殿は建っておらず、俗界と区別するためにその山麓に鳥居が建てられているだけだった。それが、神社のもっとも原初的な姿である。しかも、それぞれの場に神は祀られていても、それがどういった神なのか、個別に名前は与えられていなかった。祭神は定まっていなかったのだ。

それが、拝殿、本殿の順で社殿が建てられることで、神は狭い空間のなかに鎮座していると見なされ、社殿のある領域は瑞垣などによって囲われていく。そうなれば、神社を管理している神職以外、そこに立ち入ることは難しくなる。神は神職によって独占された。逆に言えば、独占するために社殿が建てられたと考えることもできるのだ。

ただし、神が社殿に閉じ込められることによって、その原点となる磐座の方は、かえって開かれたものになっていく。その実例を、私たちは大神神社に見出すことができる。

神体山の三輪山の山中にはいくつもの磐座があるわけだが、三輪山に足を踏み入れることができることについては、すでに第2章でふれた。境内にある狭井神社の脇に登山口があり、入山料を支払えば、山頂まで登ることができるのだ。

山頂まで登れるのは、そこに奥宮として高宮神社が鎮座しているからだ。高宮神社に参拝するには、一時間以上急坂を登っていかなければならない。道はつねにぬかるんでいて、決して登りやすいわけではない。

入山料を支払うと、参拝証となる木綿襷《ゆうだすき》を手渡され、それを首にかけることになるが、同時に、「入山心得　十箇条」なるものを手渡される。そこには、入山する際の注意事項が記されており、写真撮影などが禁止されている。スケッチすることもまかりならぬとされている。

注意事項のなかで一つ注目されるのが、供物を放置してはならず、必ず持ち帰らなければならないとされている点である。供物の放置が禁じられているということは、三輪山の山中で何らかの祭祀を営む人間がいるという事実が存在することになる。

山中には、「岨道《そばみち》の急坂」という場所があるが、その途中には、「三光の瀧」と呼ばれる小さな滝がある。この滝は行場になっており、滝行を行う人々のための休舎も設けられている。滝行は祭祀とは言えないかもしれないが、三輪山が宗教行為を実践する場であることを示している。
三輪山の山中で実際に祭祀が営まれているのを目撃したという証言もある。それについて述べているのが歌人の岡野弘彦である。岡野は、『日本の古社　大神神社』（淡交社）に収められた「大神神社　神々の物語」という文章のなかで、次のように述べている。

道ばたの目だって太い杉の幹には注連縄が巻いてあって、その根元には小さな祭壇のような石が据えられ、お供物や狐の像、あるいは線香の供えられたものもある。このお山はあの稲荷山に似たところがあって、神も仏も稲荷信仰も入りまじった民間信仰の雰囲気が感じられる。歳末のころに登ってくると、何人かの信者を連れた教祖らしい老婦人が、自分の信じる杉の大木に注連縄を掛けて、一心不乱に祈っている姿を見ることもある。

伏見稲荷大社の稲荷山の地理的な構造が、三輪山と似ていることについては、すでに第3章でふれた。構造が似ているだけではなく、そこで営まれる行為も、実は似たものであるようだ。大神神社と言えば、神社のもっとも古い形態を今日に伝えているとされ、その趣も古代を思わせるものがある。だが、神が宿るとされる三輪山は、現代においても、伏見稲荷大社の稲荷山と同様、庶民的な祭祀の場としての性格を失っていないのだ。

仮に三輪山が神域として禁足地とされなかったとしたら、稲荷山と同じように、お塚のようなものが次々と建てられていったかもしれない。岡野が述べていることは、その可能性を示唆している。神社が祭祀を独占することを好まない、あるいは神社とは無関係に神体山で祭祀を営む人々がたしかに存在するのである。

現在では、それぞれの神社の祭神は本殿に鎮座しているとされている。本殿のなかには、神が宿る鏡などの神体が祀られている。社殿は神が常在する場として、それ自体が神聖視されている。

しかし、社殿がたんに神を封じ込めるための空間にはなっていない事例も存在する。それが出雲大社の場合である。

†出雲大社の本殿の内部はどうなっているのか

二〇一三年には、伊勢神宮で式年遷宮が営まれた。その年は、出雲大社でも遷宮が行われた。ただ、出雲大社の場合、それは周期が定められている式年遷宮とは異なる。前回は一九五三年のことで、遷宮は六〇年ぶりだった。六〇年前にも、伊勢神宮の式年遷宮と重なった。ただ、出雲大社の遷宮は六〇年に一度と定まっているわけではなく、伊勢神宮と二度重なったのは偶然である。しかも、出雲大社では、屋根の葺き替えが主で、伊勢神宮とは異なり社殿が建て替えられるわけではない。これは、伊勢神宮以外の神社で行われる式年遷宮と共通する。

出雲大社の本殿は相当に大きく、二四メートルの高さがある。奈良東大寺の大仏は、高さが一五メートルで、三メートルの台座を含めても高さ一八メートルである。これと比較すれば、出雲大社の本殿がいかに大きなものかが分かる。屋根の大きさは六〇〇平方メートルに及び、厚さも一メートルある。神社の社殿としてはもっとも大きく、国宝にも指定されている。形式は、掘立柱、切妻造、妻入の大社造《たいしゃづくり》であり、本殿の床は正方形になっており、一一メートル四方である。

本殿が神の宿る場であるのだとしたら、果たして、それだけの広さを必要とするものなのだろうか。そうした疑問が湧いてくる。本殿自体がそれだけ広い神社は他に存在しない。これは、考えてみれば不思議な話である。現在の本殿は、延享元（一七四四）年に建てられたもので、江戸時代の建物である。

出雲大社本殿（著者撮影）

実は、出雲大社の場合、本殿の正面だけではなく、西側の瑞垣の外にも遥拝所が設けられている。そこには説明書きがあり、本殿の正面は南向きだが、殿内の神座は西向きであるとされている。だから、西側からも拝むことになるというわけである。

これは、いったいどういうことなのだろうか。

二〇一四年一月二日、NHKスペシャルの「シリーズ遷宮」の第二回として「出雲大社～オオクニヌシの謎～」という番組が放送された。その際に、本殿の内部を撮影した映像も紹介された。それを見ると、本殿の内部は畳敷きになっていることが分かる。中央には、本殿を支えるもっとも太い心御柱《しんのみはしら》があり、その右側には幕がはられ、左側はカーテンのようになって、それは開かれていた。

右側の幕の奥には、遥拝所の説明書きにある神座があるのだが、番組ではその姿を見ることはできなかった。神座は、実は小さな社の形になっている。二〇〇八年には、遷宮に先立って「特別拝観」が行われ、その際には、神座の姿も見ることができたらしい。残念ながら、私はそのことを知らず、訪れることができなかった。

神座は、心御柱と、その北側にある宇豆柱《うずばしら》の奥に鎮座する形になっている。宇豆柱の手前には、客座五神として天之御中主神《あめのみなかぬしのかみ》、高御産巣日神《たかみむすびのかみ》、神産巣日神《かみむすびのかみ》、宇麻志阿斯訶備比古《うましあしかびひこ》遅神《ぢのかみ》、天之常立神《あめのとこたちのかみ》が祀られている。

要するに、出雲大社の本殿の内部は、それ全体が神が鎮座する空間というわけではないのだ。それは祭祀を行うための空間である。祭祀は神座にむかって行われる。現在では、本殿の内部に入ることができるのは、出雲大社の神職である出雲国造に限られるとされるが、以前はそうではなかった。国造だけではなく、一般の神職も本殿のなかに入り、そこで祭祀を営んでいたのである。

神座は本殿の四分の一を占めていて、畳にすると一五畳ほどの広さだという。本殿全体は六〇畳敷きである。そして、客座五神の方は、祭神が並んで祀られている形式になっている。一般の神社において、いくつかの摂社や末社が一続きになって祀られているところがあるが、それと同じだ。その点からすると、出雲大社の本殿の内部は、一般の神社の境内に相当するのだと考えることもできる。

実際、本殿の内部で祭祀が行われたことを示す史料が残されている。

†出雲大社の神職、佐草自清の日記

江戸時代の出雲大社の神職の一人に佐草自清《さくさよりきよ》という人物がいた。自清については、最近注目されたことがあった。それは二〇一五年のことで、その日記のなかに、出雲地方の名物となる出雲蕎麦が食べられていた記述が発見されたからである。

出雲で蕎麦が広がったのは、松本城主だった松平直政が松江に移ってきたからだとされてきた。自清の日記の寛文六(一六六六)年三月二七日の箇所には、出雲大社の本殿の柱を建てる相談をした後、蕎麦切が振る舞われたとある。直政が松江に移ってきたのは寛永一五(一六三八)年のことだった。これで、従来の説が裏づけられることになった。

自清は、出雲国造である千家家の上級神職の家に生まれたものの、千家家から分家した北島家方の上級神職、佐草家を継ぎ、寛文七(一六六七)年の遷宮においては幕府や松江藩との折衝役にあたった。幕府がより華美な本殿を建てるよう要求してきたのに対して、自清はそれを拒む役割を果たした。

自清は、「出雲水青《みつはる》随筆」というものを書いているが、そこに「本社御供之図」が載せられている。その図を見ると、「御内殿」と書かれた神座の位置と方向は現在と同じなのだが、左奥に客座五神が鎮まっているところはなく、右奥にただ客座と書かれている。

注目されるのは、御内殿の前に出雲国造の座がもうけられ、さらにその前には机があって、飯、酒、菓子が供えられていることである。出雲大社の祭祀について研究した平井直房は、「出雲国造の祭事・葬送・禁忌」（『宗教研究』二三二号［五〇巻四輯］、一九七七年四月、六頁）という論文において、「御神体を奉安する御内殿と奠供された神饌の中間に国造の座が置かれ、御内殿と国造に向けて献饌される形が取られている」ことを指摘している。これは、国造自体が祭祀の対象になっていた可能性を示している。

もう一つ、こちらは千家家が明治時代に創設した教派神道の教団、出雲大社教が所蔵する「本殿内および座配の図」である。これは近世のものとされるが、「本社御供之圖」に示されているのとは違う配置で行われた本殿内の祭祀の様子が描かれている。

そこでは、衣冠束帯姿の出雲国造とおぼしき人物が、心御柱と左の側柱の奥に正面を向いて座っている。その前には、やはり衣冠束帯姿の一二人の神職が左右の列に分かれて座っている。右の方には、服装からそれより地位が低いと思われる神職が並び、縁にも数多くの下級神職が座っている。この図では、神座も客座も描かれていない。ただ、国造は他の神職の方を向いており、祭祀は、国造を対象としているものと考えられる（椙山《すぎやま》林継《しげつぐ》他『古代出雲大社の祭儀と神殿』学生社）。

普通、神職は神に対して祭祀を行う役割を担っている。決して、祭祀の対象となるような存在ではない。

ところが、出雲大社では国造が祭祀の対象になっている。それは、国造が神として、あるいは神に近い存在として信仰の対象になっていることを意味する。

実際、出雲国造は、神としての扱いを受けていた。地上に現れた「生き神」として信仰されていたのである。

†生き神として扱われた出雲国造

その点について、日本の民俗学の創始者である柳田國男は、晩年の回想録である『故郷七十年』（のじぎく文庫、現在は講談社学術文庫）のなかで、次のように述べていた。

出雲から但馬路を経てこの村を通過した国造家を迎えたことがあった。生き神様のお通りだというので、村民一同よそ行きの衣装を着て道傍に並んだ。若い国造様が五、六名のお伴を従えて、烏帽子に青い直垂姿で馬で過ぎていった時、子ども心に、その人の着物にふれでもすれば霊験が伝わってくるかのような敬虔な気になったようである。その国造様の姿が今もくっきりと瞼に浮かんでくる。

柳田は、播磨の辻川(兵庫県神東郡田原村=現神崎郡福崎町)の生まれで、そこで一三歳まで過ごした。当時の国造は第八〇代の千家尊福《たかとみ》であり、尊福は、明治一九(一八八六)年春に三カ月をかけて、岡山と兵庫を巡教している。柳田は明治八年七月の生まれであり、一〇歳で生き神様の姿に接したことになる。

また、その一〇年前、明治九年一〇月一八日付の「東京曙新聞」は、同じ尊福を愛媛の人間たちが熱烈に迎えた様子を、次のように伝えている。

伊予国松山なる大社教会所開業式執行の為、千家尊福大教正が出雲国より立越されし途中、同県下野間郡浜村に一泊せられし時、近郷近在の農民等が国造様の御来臨と聞伝えて、旅宿に群集せし老幼男女数百人にて、大教正の神拝されるため一寸座られる新薦《こも》を、群集の者ども打寄って摑み合って持行くもあれば、又這入《はいい》られし風呂の湯は、銘々徳利《とつくり》に入れて一滴も残さぬ程なり。

生き神である出雲国造がふれたものは、そのまま特別な力を発揮する神聖なものとして受け取られたのである（岡本雅享《まさたか》『千家尊福と出雲信仰』ちくま新書）。

ではなぜ、出雲国造は生き神として扱われたのだろうか。

それは、出雲国造の祖先が神とされたからである。古事記では、天照大神と須佐之男命が誓約を行ったときに生まれた神の一柱として天之菩卑能命《あめのほひのみこと》が登場する。この神は、葦原中国を平定するために出雲に遣わされるが、かえって出雲を支配する大国主命に心服してしまい、三年の間、高天原に戻らなかった。そこに出雲との結びつきがあるわけだが、その子である建比良鳥命《たけひらとりのみこと》が出雲国造の祖であるとされている。ただし、神を始祖とする国造や県主は他の地域にも見られ、出雲だけに限定されるものではない。

その点で重要になってくるのが、出雲国造の代替わりの儀式である「火継式《ひつぎしき》」の存在である。

出雲大社教の大輔教《たいふきょう》であった石原廣吉は、「尊福様が東京へ出られるまで、国造様は毎朝お火所で潔斎をして常に神火によって食事をなさる。また一生土を踏むことを許されない。……こういった一般人とは異なる厳重な御生活の神性さから、生神様として拝まれたのだ」(『幽顕』五二二号)と述べている。

ここで言われる神火を受け継ぐための儀式が火継式である。国造の屋敷のなかには、「斎火殿《さいかでん》(お火所)」があり、かつての国造は、そこで灯し続けた神火で調理したものだけを食べた。家族とは火をまったく別にしたのである。

前の国造が亡くなると、その後継者は、古代から伝えられているとされる火燧臼《ひきりうす》と火燧杵《ひきりぎね》をもって出雲大社の脇にある国造館を出発し、松江市八雲町熊野にある熊野大社へむかう。後にも述べるが、もともと国造は熊野大社の祭祀を行ってきたのであって、途中で出雲大社に移ってきたとされる。

新たに国造となる者は、熊野大社の境内にある鑽火殿《さんかでん》で、持参した臼と杵を使って神火を鑽《き》り出す。鑽火殿は簡素な掘っ立て小屋である。これによって、亡くなった国造から新しい国造に神火の相続がなされたと見なされる。

江戸時代に黒沢弘忠という人物が記した出雲国の地誌である「懐橘談《かいきつだん》」によれば、平安期初頭の弘仁年間まで、前の国造の遺体は、出雲大社の東南にある菱根《ひしね》の池に赤牛に結びつけられて沈められたという。その後は、土葬に変わったというが、墓は造られなかった。墓が造られないのは、国造はその祖先である天穂日命《あめのほひのみこと》と一体であり、永遠に生き続けるものと考えられているからである。

ただし尊福は、明治五（一八七二）年一一月に国造職を譲り受けたのだが、その際、同時に神道教導職を統率する役割が与えられた。当時の政府は、神道を国民に広める活動を展開していた。となると、国造は駕籠や馬に食事をするための斎火殿用具を載せて移動しなければならず、それは大変なことだった。そこで、尊福は教導職を所轄する教部省に伺いを立てた上で、斎火による食事を摂って心身を清めるのは神事のときに限ることとし、日常では家族と火を分けないこととした。これによって国造は地面の上を直接歩くことができるようになったのだ。

ただし、ここまで見てきた出雲国造が生き神として扱われたことを示す証言や史料は、これ以降のものであり、国造に対する扱いはそう簡単には変わらなかった。

実は、現代でもそうした伝統が受け継がれている面がある。

出雲大社では、毎年六月一日に涼殿祭《すずみどののまつり》が催される。これは、国造が月始祭に続いて、境内の荒垣から東へおよそ一〇〇メートル離れた場所にある「出雲の森」に赴き、神木である椋《むく》の大木の前に設けられた祭場で供物を捧げ、そこから大御幣を持って御手洗池まで向かい、黙禱祈念するものである。出雲の森から御手洗池に向かう際には、青々とした真《ま》菰《こも》が敷かれ、その上を国造が歩く。そのために「真菰神事」とも呼ばれるのだが、このとき、参列者は真菰を競って貰い受ける。それを風呂に入れると無病息災、田畑に埋めれば五穀豊穣と言われるからである。

生き神としての出雲国造から思い起こされるのがインカ帝国の王のことである。インカは多神教の世界で、そのパンテオンにおいて最重要とされていたのがビラコチャ神である。この神が動き、地面と接触すると災厄がもたらされ、動かず静かにしていると秩序が安定すると考えられていた。インカの王は、このビラコチャ神と一体の存在とされ、大地と隔てるよう輿に乗せられて移動した。さらに、王がさわったものは、誰も手をふれないよう毎年灰にして焼かれ、空中に撒かれた。唾でさえ、側女の手のなかに吐き、側女は王の身体から落ちた毛髪も食べた。髪の毛を通して呪術がかけられるのを恐れてのことだったという（網野徹哉『インカとスペイン　帝国の交錯』講談社学術文庫、四八〜四九頁）。

ただし、出雲国造が生き神として扱われたことに、どれだけの歴史があるのかは分からない。それを伝えてくれる史料も研究も存在しないからである。古代からずっと生き神として扱われてきたのか、それとも、それは比較的新しいことなのか、そのあたりがはっきりしないのだ。近世の日本社会ではさまざまな形で流行神が信仰の対象となったが、そうした流れが影響した可能性も考えられる。インカ帝国も、その成立は一五世紀のことであり、王を神とする伝統がどれほど昔に遡るのか、それは必ずしも明らかになっていない。

ただし、出雲大社の祭祀において、国造が生き神として扱われたことは、出雲大社の本殿の規模や形態についての謎ともかかわってくる事柄である。

✝出雲大社の本殿は、今よりかなり高かった？

現在の本殿は、すでに述べたように、神社の神殿としては日本一の規模を誇っており、高さは二四メートルに達している。

ところが、昔はもっと高く、四八メートル、あるいは九八メートルに達していたという伝承がある。それで以前から論争が巻き起こってきた。明治後期には、歴史学者で神道学者の山本信哉が、「一六丈説」を主張した。一六丈は約四八メートルである。

もし山本が生きていたら、喝采するような出来事が二〇〇〇年から〇一年にかけて起こった。出雲大社の境内から、巨大な神殿を支えていたものと考えられる柱の遺構が発見されたからである。

出土した宇豆柱

柱は、三本が一組になっていて、中央南にあたる宇豆柱の場合、その直径は約二・七メートル、中心の心御柱では約三メートルにも達していた。この柱は、年輪年代測定法の分析で宝治二（一二四八）年の造営にともなうものだとされている。鎌倉時代の遺構である。

千家家には、「金輪《かなわ》御《ご》造営差図《ぞうえいさしず》」というものが伝えられてきた。これについては、本居宣長が「玉勝間」にその図を載せていた。それは、国造の千家俊信《としざね》から送られたものだった。

「金輪御造営差図」自体は一三世紀から一六世紀、つまりは鎌倉時代から室町時代にかけ

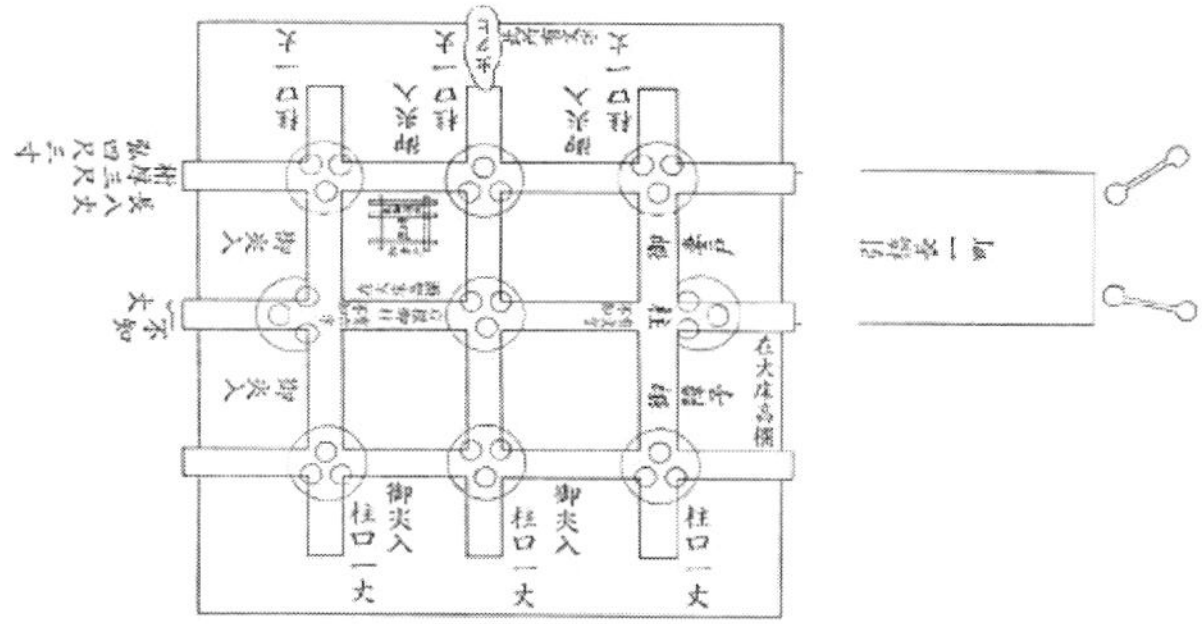

金輪御造営差図

てのもので、そこには三本の木を一くくりにまとめて九本の柱で本殿を支えている様子が描かれていた。宣長は、「玉勝間」で、出雲大社の神殿の高さが上古には三二丈で、中古には一六丈であったという伝承についてもふれているが、それについては、「心得ぬことのみおおかれど」と、その信憑性を疑っていた。

ただ、遺構が発見されたことで、「金輪御造営差図」の正確さが証明されることになった。しかも、その図では「引橋長一町」とも記されていた。一町の長さだと、それは約一〇九メートルである。一〇〇メートルを超える階段を登っていくのであれば、社殿の高さが一六丈、四八メートルであっても不思議ではない。

実際、一六丈説を裏づける史料も存在している。

鎌倉時代初期に出雲大社を訪れた歌人で僧侶の寂蓮法師（藤原定長）は、「出雲大社に詣でて見侍りければ、天雲たな引く山のなかばまで、かたそぎ（千木のこと）のみえけるなむ、此の世の事とも覚えざりける」と記している。ちなみに出雲大社の背後にあって、神体山とも考えられる八雲山の標高は一七五メートルである。出雲大社は海抜ゼロメートルとされるので、その「なかば」、半分の高さであるのなら八〇から九〇メートルにもなる。

なお、二〇一三年に島根県立古代出雲歴史博物館で開かれた「出雲大社展――平成の大遷宮」の図録におさめられた同館学芸員の松尾充晶のコラム「祭祀の源流――出雲大社の創建前史」によれば、八雲山の山麓、現在では素鵞社《そがのやしろ》が鎮座している場所には岩の塊が露出しているという。

そして、八雲山からは、現在の出雲大社の境内地の西を素鵞川が、東を吉野川が流れているが、古墳時代の吉野川は境内中央に向けて大きく入り込む形になっていた。つまり、出雲大社が建つ前の時代には、八雲山の手前に狭い空間があり、そこからは玉類が発見されており、祭祀が行われていたものと考えられる。

松尾は、そこから古代の出雲大社と大神神社の共通性を指摘し、「三輪山の麓に点在していた祭祀の場が最終的に本社拝殿の場に収斂していくように、出雲大社の場合は北山南麓に点在していた祭祀の場が、最終的には現在の境内地にまとまっていくのではなかろうか」と述べている。

出雲大社の成立も、ここまで見てきた神社の成立過程と同じ道をたどった可能性があるわけだが、社殿については、公家の日記などを抜粋した「百錬《ひゃくれん》（練）抄《しょう》」という書物には、長元四（一〇三一）年八月、「出雲の国杵築社神殿転倒」という記載がある。出雲大社は明治以前杵築（大）社と呼ばれていた。風もないのに神社が振動し、「材木は一向に中より倒れ伏す、ただ乾の角の一本は倒れず」だったという。

これ以降、千家家や北島家に残されている「千家家古文書」や「北島家文書」などには、「社殿転倒」「出雲大社鳴動」「社殿が傾き転倒せんとす」といった記述が見られる。平安時代中期から鎌倉時代初めまでの二〇〇年間に七度も倒壊したとされるのだ。社殿が高かったことで、転倒をくり返したとも考えられる。

ただ一方で、一六丈説に疑問を抱かせる史料も存在している。それが、鎌倉時代、一三世紀から一四世紀に描かれたと考えられる「出雲大社幷神郷図」である。この図については第3章でもふれたが、出雲大社とその周辺の地域を描いたもので、それを見ると、出雲大社の本殿は高床で、かなりの高さをもっていたようにも見える。

ただし、縮尺が示されているわけではないので、どの程度の高さだったかを見定めるのは難しい。本殿の脇には摂社、末社と思われる別の社殿も描かれ、その高さは本殿の高床とほぼ同じになっている。摂社、末社がそれほど高いはずはない。平屋と同じ高さなら、本殿も二階建ての住宅くらいの高さだったと考えられる。そこから考えると、本殿が五〇メートル近くに達していたようには思えない。

そもそも、この問題を考える上で、従来の議論では抜け落ちている視点がある。

仮に一六丈説が正しいのだとして、なぜそれだけの高さの本殿を造営する必要があったのかということである。

他の神社を考えたとしても、本殿をそれだけ高い場所に設けたようなところはどこにもない。現在もないし、過去にもその例はない。

しかも、出雲大社の場合には、これまで見てきたように、本殿のなかに神座として社が設けられており、本殿全体が祭祀のための空間となってきた。現在は、多くの人間が本殿に上がり、そこで生き神としての国造を拝むような祭祀は行われていない。だが以前は、少なくとも江戸時代までは、本殿に多くの人間を集めて祭祀が営まれていたのだ。

†なぜ、本殿をそこまで高くしたのか

そうであるとするなら、本殿を四八メートルもの高さにする意味はなくなる。そもそも、それだけの高さの建物に多くの人間を集めるのは危険だ。社殿の倒壊がくり返されたのなら、本殿に上がること自体が命懸けでのことになる。なぜそこまでしなければならないのか。少なくとも、倒壊した際、祭祀に参加していた人々が事故に遭ったという記録はない。多くの人間が集まったときこそ、倒壊の危険性は高まったはずである。

二〇〇〇年から〇一年にかけて発見された柱の遺構は、すでに述べたように、宇豆柱で三本の木を合わせて二・七メートルだった。現在の本殿の宇豆柱は太さが八七センチである。遺構の柱はその三倍になる。

ただし、発見された遺構の柱の高さは、いずれも人の身長よりも低い。それは、この遺構を紹介する写真で柱を拝んでいる巫女の姿からも明らかである。四八メートルの長さの柱が発見されたわけではない。土中にあった部分だけが残され、後は朽ち果ててしまったとも考えられるが、その点について果たして十分な検討は行われてきたのだろうか。

現在の本殿が縦横一一メートルの正方形であるのに対して、発掘された柱の配置からは、

横一三・四メートル、縦一一・六メートルの長方形であったことが判明している。現在のものより、鎌倉時代の本殿は少し広かったわけである。ということは、大きな柱を必要としたのは建物の規模が大きかったからだとも考えられる。必ずしもそれは建物が高かった証拠にはならないのではないだろうか。本殿で多くの人間を集めて祭祀を営むなら、頑丈な柱で本殿を支える必要がある。

出雲大社の本殿が今よりはるかに高かったことの根拠として持ち出されるのが「口遊《くちずさみ》」という書物の記述である。

「口遊」は、平安時代初期の学者、源 為憲《みなもとのためのり》が記したもので、そこには天禄元（九七〇）年という年号が記されている。これは子どものための教科書のようなもので、算数の九九が最初に記された書物として知られる。

その「口遊」では、橋や大仏、建物などについて当時のベスト三があげられており、建物については、「雲太《うんた》、和二《わに》、京三《きょうさん》」と記されていた。為憲はこれに注釈を加え、「今案ずるに雲太とは出雲の国城築明神の神殿をいふ。和二とは大和の国東大寺の大仏殿をいふ。京三とは太極殿をいふ」と説明していた。当時の大仏殿の高さが一五丈だから、第一とされる出雲大社はそれよりも高かったというわけである。

ただ、奈良の大仏殿の場合、創建時には幅二九丈（約八七・八メートル）、奥行き一七丈（約五一・五メートル）、高さ一二丈六尺（約三八メートル）あった（「東大寺要録」）。幅と奥行きを考えれば、出雲大社の本殿よりはるかに大きい。果たして「口遊」が高さを比較したものなのか、それとも規模を比較したものなのかも問題になってくる。

これに関連して、もう一つ考えておかなければならないことがある。それは、出雲国造がもともとどこに居住していたのかということである。

国造の代替わりが行われる際、新しい国造が熊野大社に向かうことは、すでに述べた。熊野大社の鑽火殿で新たに火を鑽り出し、それをその任にある間、国造館で灯し続けることになるわけである。

その点で、熊野大社は国造にとって極めて重要な神社である。熊野大社の重要性は、「出雲国風土記」にも示されている。そこで大社とされるのは、杵築大社と熊野大社だけである。

風土記の時代の出雲国は、九つの郡に分かれていた。そのうち、杵築大社があったのが出雲郡で、熊野大社は意宇郡《おうぐん》にあった。古代における出雲で重要だったのは、むしろ意宇郡の方だった。なぜならそこには国司が政務をとる国庁と国分寺が置かれていたからである。そして、国造ももともとは意宇郡に居て、熊野大社の祭祀を司っていた。しかも、当時の国造は、律令制における郡の長官である大領《だいりょう》の地位にあった。

風土記には、郡ごとに、それを誰が文章にして記録したかが記されているが、その五人のなかで出雲臣《いずものおみ》が三人を占めている。何より巻末には、「出雲国風土記」全体を監修した最終的な責任者として、「国造にして意宇の郡の大領を帯びたる外正六位上勲一二等　出雲臣廣嶋《ひろしま》」と記されている。廣嶋は第二五代の国造である。

この出雲臣廣嶋の名があげられている前の部分には、「天平五年二月の卅日　勘へ造る」と記されており、出雲国風土記は、天平五年、七三三年に完成したことになる。大領とは郡の長官のことで、これに先立って、慶雲三（七〇六）年には、「国造をして郡領を帯びしむ」（「類聚国史」巻一九・国造）とあり、出雲国造は意宇郡の大領を兼任していたことがわかる。

ところが、延暦一七（七九八）年三月二九日の太政官符では、「慶雲三年以来、国造をして郡領を帯せしむに、言を神事に寄せ、動《やや》もすれば公務を廃つ」ため、「今より以後、宜しく旧例を改め、国造・郡領の職を分けてこれに任ずべし」と命じられている。

ここでは、出雲国造が神事にばかり専念し、大領としての職務を怠っていることが指摘され、出雲国造と意宇郡大領とを分離するよう命じられている。

さらにこの年の一〇月一一日には、「出雲国造、神事に託《かこつ》けて多く百姓の女子を娶りて妾と為すを禁ずるの事」と題された太政官符も出されている。国造は新任されると、それまでの妻を捨て、百姓の女子を娶って、「神宮采女《じんぐううねめ》」と呼び、妾にしているというのだ。それは神事にかこつけた淫風であり、どうしても妾を神事に仕えさせなければならないというのであれば、一人だけを選べと、太政官符は命じている。

国造が大領との兼任を解かれたのも、こうした出来事が関係している可能性がある。果たして、こうした国造の振る舞いがどういう意図のもとになされたのか、太政官符以外に史料がないので、はっきりとしたことは分からない。このことが生き神としての国造のあり方とどのようにかかわるのかも分からない。

では、出雲国造は、意宇郡のどこにいたのだろうか。

†出雲国造はどんな生活をしていたのか

第八二代の国造である千家尊統《たかむね》は、「意宇川が熊野の山地から意宇の平野部に出てきた、その渓口にあたるところが大庭《おおば》である。ここに『大庭の大宮』とよばれる神魂《かもす》神社がある。

ここの旧屋敷地に国造の別館」があったとしている（『出雲大社（第三版）』学生社）。

神魂神社の本殿は最古の大社造で、国宝にも指定されているが、現在の本殿は天正一一（一五八三）年に再建されたものと考えられている。注目されるのは、出雲大社と同様に、本殿のなかに神座が設けられていることである。さらに、出雲大社の本殿の天井には八雲の図が描かれているが、神魂神社にもそれがある。

ただし、神魂神社のことは、風土記ではまったくふれられておらず、全国の神社の一覧である「延喜式神名帳」にも記載されていない。千家尊統は、それは不思議にも思えるかもしれないが、そもそも神魂神社は、国造の館の邸内社としてはじまったものだからだと指摘している。

尊統はさらに、国造が意宇から杵築にいつ移ったのかについては、「国造家にもしかとした伝承は」ないとしている。ただ、大領を兼帯するという政治的権威を失った平安時代初期に、意宇郡に「大庭の熊野の神の遥拝祠」（現在の神魂神社のこと）と国造館を残して、杵築の地に移転し、「宗教的権威にひたすら生きることになったのではあるまいか」と推測している。

古代から中世にかけて、出雲国造がどのような状況におかれていたのか、分からないところが少なくないようだが、鎌倉時代には、武勲をあげた中原資忠《すけただ》という人物が杵築大社の惣検校職《そうけんぎょう》に補《ほ》され、社領をはじめとするさまざまな社務を管理し、国造は祭祀を司るだけになったという。ただこれも、中原氏が正応五（一二九二）年に権検校職《ごんけんぎょう》を辞めると、国造家が実権を取り戻している。

その後、国造家を分裂という危機が見舞う。現在の国造は、千家家と北島家の二つに分かれているが、そうした事態が起こったのは興国四（一三四三）年のことだった。その時代には第五五代の孝宗が国造だったが、弟の貞孝が、出雲国で守護をつとめていた塩谷判官高貞《えんやはんがんたかさだ》（この名が、浄瑠璃・歌舞伎の「仮名手本忠臣蔵」では、浅野内匠頭の名として転用された）の甥にあたったため、高貞を後ろ盾にして、孝宗とのあいだで、年中の祭事と所領を分掌する約定を結んだのだった。これで、出雲大社には二つの国造家が誕生した。

では、中世における国造は、近代になってからと同様に、生き神としての扱いを受けていたのだろうか。

それについては史料が乏しいが、江戸時代の儒学者で、林羅山の三男であった林鵞峰《がほう》の日記「国士舘日録」に興味深いことが記されている。それは、寛文七（一六六七）年六月一二日の条でのことだが、その日、鵞峰は前に述べた出雲大社の神職、佐草自清の訪問を受けている。その際、鷲峰は自清から国造のことについて話を聞いているのだが、そこには、すでに述べたように、新しい国造が誕生したとき、父の葬儀には加わらず、潔斎することもなく、国造を受け継いだ火を用いていつものように魚を食べるという話が出てくる。さらに国造となったら、生涯境内から出ることなく、地を踏まず、輿に乗って境内を出入りするとも述べたとされている。

これは、生き神としての国造の話に通じるが、境内を出ないのであれば、一般の人々から生き神として扱われることはなかったはずである。

その点について平井直房は、国造が境内を一生出ず、地を足で踏まないというのは誇張であるとし、「確かに大社の神殿への往復は輿であり、また自由に他出できる立場ではなかったが、毎年の新嘗会には必ず大庭に参向しなければならなかったし、輿の乗降に路上を歩き、国造館の庭を散策することもあった」と述べている（『出雲国造火継ぎ神事の研究』大明堂、三二頁）。

平井の言う誇張の部分を差し引いたとしても、国造の生活は相当に制約を受けていたことになる。ここから思い起こされるのが江戸時代の天皇である。幕府は天皇が一般庶民と交わることを嫌ったため、天皇は京都御所から出ることはほとんどなかった。

国造の外出が制限されたものであれば、生き神として庶民の信仰を集めることもない。ということは、生き神としての扱いを受けたのは、全国を巡教するようになった千家尊福の時代になってからのことではないだろうか。岡本雅享が前掲の『千家尊福と出雲信仰』でふれているのは、皆、尊福の時代のことである。江戸時代において、本殿での神事における国造は神として信仰の対象になっていたわけだが、広く生き神として信仰を集めるようになるのは、明治以降のことになるのではないだろうか。

†出雲国造は、「天皇の聖性を補完する存在」だったのか?

もう一つ、出雲国造が出雲大社の外へ出向いたものとして、「神賀詞《かんよごと》奏上」ということがあげられる。これは、奈良時代から平安時代のはじめまで行われた。

当時、国造が新任される際には、都の太政官で任命が行われた。その後、国造は出雲に戻り、一年間潔斎のために忌屋《いみや》にこもり、神饌を神々に供えた。その期間が終わると、国造は、国司や出雲の各神社に仕える祝部《ほうりべ》を伴って上京し、天皇の前で祝いのことばである神賀詞を奏上する。これを実行するためには、国造は境内の外に出なければならない。

この出雲国造による神賀詞奏上は、一般的には、古代に栄えた出雲の勢力が、大和朝廷に対して服属したことを示す儀礼であると考えられている。しかし、他にもさまざまな説が唱えられており、服属儀礼が定説になっているわけではない。

この点について、島根県立古代出雲歴史博物館の学芸員の経験を持つ森田喜久男は、『古代王権と出雲』（同成社）において、神賀詞の内容と関連させながら、奏上が、出雲国造の祖先神とされるアメノホヒがオオナムチを説得して国譲りをさせ、その結果を高天原の神々に報告したことの再現であるとしている。

次に国造となる人間は、上京して国造に任命された瞬間、アメノホヒに転生する。そして、出雲へ戻り、オオナムチを、神賀詞のなかにあるように「媚《こ》び鎮《しず》め」、その上で再度上京し、アメノホヒとしての返事をしたものだというのである。

森田は、神賀詞奏上の儀礼は、「出雲国造の就任に際し、祖先神が行ったことを忠実に再現した神話劇」であるとし、その際に献上される玉は天皇の長寿を祈るものであるとする。その点で、出雲国造は、たんなる出雲一国の国造でもなければ、諸国の国造の代表でもなく、「天皇の聖性を補完する存在」であるというのだ。

ただ、神賀詞奏上は、天長一〇（八三三）年を最後に、それ以降は行われなくなる。あるいは、国造が境内から出なくなるのは、それ以降のことなのかもしれない。

ここまで見てきたように、出雲大社についても、そこで神事を司る国造についても、分かっていないことが少なくない。そこには、出雲の歴史が、大和の歴史に比べて、まだ十分には解明されていないことがかかわっている。

たとえば、出雲大社に近い荒神谷《こうじんだに》遺跡で、大量の銅剣が発見されたのは昭和五九（一九八四）年のことだった。加茂岩倉遺跡から三九口もの銅鐸が発見されたのも、平成八（一九九六）年のことだった。どちらの遺跡も農道の工事などで偶然に発見されたものである。出雲各地で本格的な発掘作業が行われれば、この二箇所に匹敵するような遺跡が発見される可能性は十分に考えられる。それは、出雲に栄えた文明の姿を明らかにしてくれるとともに、古代における神道のあり方についても多くのことを教えてくれるはずである。そのときが待たれるが、次には神仏習合の時について改めて考えてみたい。

第6章 神道と仏教の戦い

†日本仏教の特徴

「日本人の神道」があるように、「日本人の仏教」がある。

神道は、日本に独自の宗教である。それは国外にはほとんど広がっていない。神社も、日系人が移民したハワイやブラジルなどでは祀られているが、大日本帝国時代の末期、日本が進出したアジアの各地に設けられた神社は、敗戦後すべて廃止されている。神道は、基本的には日本人だけのものである。

仏教の場合には、インドに生まれ、それが周辺諸国に広がった。日本には朝鮮半島や中国を経由して仏教が伝えられた。

ところが、日本にまで伝えられた時点で、仏教は大きく変容していた。とくに中国での変容は激しいものだった。現実主義の中国の人々は、世俗の暮らしに価値を置かないインド的な発想を受け入れなかったからだ。

したがって、日本には、インド仏教ではなく、中国仏教が伝えられた。しかも、日本に入ってからも仏教の変容は続いた。奈良時代にはインド人僧侶、菩提僊那《ぼだいせんな》が来日し、大仏開眼会では導師を務めているのだが、おそらく、その時代にはまだ日本仏教のなかにインド仏教の面影があったことだろう。

変容を続けていった日本仏教の最大の特徴は、各宗派の宗祖の存在が大きいというところに求められる。中国でも、仏教の信仰において重要な「三宝」の一つとして、僧侶が崇拝の対象となる傾向があり、さまざまな高僧たちの事績を記した「高僧伝」(その代表となる慧皎《えこう》による『高僧伝』全四巻は吉川忠夫・船山徹訳、岩波文庫)などが編纂された。それが日本では、宗祖がクローズアップされる方向にむかった。各宗派で説かれる教えは、釈迦の説いたものではなく、宗祖が説いたものとなったのである。

宗祖としてあげられるのは、平安時代の最澄や空海、鎌倉時代の法然や親鸞、道元や栄西、日蓮や一遍などである。ただし、こうした宗派が多くの信徒を抱え、教団としての規模を拡大するのは、平安時代や鎌倉時代ではない。もっと後の時代になってからのことで、基本的には近世以降と考えられる。その点で、日本人の仏教は近世になってからはじめて生まれたとも言える。こうした日本人の仏教については、機会があれば、改めて論じたいと考えている。

近世以前の時代においては、仏教は神道と混じり合う形で信仰されていた。「はじめに」でも述べたように、「神仏習合」、あるいは「神仏融合」という事態が基本になっていたわけである。

日本に仏教が公式に伝えられた出来事は「仏教公伝」と呼ばれる。それについては、「日本書紀」などに述べられているが、史料によって年代に違いがあり、いったいそれがいつのことだったのか、正確な年月は分かっていない。おおむね六世紀前半の出来事だったのではないかと考えられる。

その際、百済の聖明王から仏像や経典が贈られた。日本書紀によれば、欽明天皇は、仏を信仰すべきかどうかを家臣の豪族に問うているが、豪族のなかにはそれに反対する人々もいた。そうした人々は、仏のことを「蕃神《あだしくにのかみ》」と呼んだ。海外から渡来した神ということである。仏教が伝えられる以前、神を信仰対象とする神道しか存在しなかったわけで、仏が神としてとらえられるのも自然なことだった。

その後、日本でも仏教の信仰が受け入れられるようになると、仏が蕃神としてとらえられることはなくなり、神とは明確に区別されるようになる。土着の神と外来の仏は別のものとして認識されるようになったのだ。そして、仏教の信仰が広く受け入れられる中世の時代になると、神と仏との関係が問われるようになる。

そこで唱えられたのが、本地垂迹説である。これは、日本の神は本来は仏であり、仏がその姿を仮に現したのが神であるという考え方である。仏が本来の姿である「本地」で、神はあくまでその現れの「垂迹」だというわけである。

仏を本来のものとするところで、本地垂迹説は仏教優位の考え方である。したがって、仏教の側が主張するようになったものと考えられる。本地と垂迹という用語自体、「法華経」に由来する。法華経は、全体が二八の章（「品」と呼ばれる）に分かれているが、前半の一四章をさして「迹門《しゃくもん》」、後半の一四章をさして「本門」と言い、どちらが重要かが法華経信奉者の間で論争になってきた。ここで言われる本と迹との対比が、仏と神に応用されたわけである。

本地垂迹説にもとづいて、皇祖神である天照大神は密教の本尊である大日如来を本地とする垂迹であるとされた。どちらも太陽にかかわっていることが大きかった。また、八幡神は阿弥陀如来が本地であるとされた。他の神や仏についても、それぞれこうした関係が定められた。

†興福寺と春日神社の本地垂迹の関係

これは、かつて拙著『神も仏も大好きな日本人』（ちくま新書）でも詳しく述べたところだが、本地垂迹の関係は、興福寺の各堂宇の本尊と春日大社の祭神とのあいだにも想定された。興福寺は摂関政治を展開した藤原氏の氏寺であり、春日大社は同様に藤原氏の氏神である。

春日大社の祭神は春日神と呼ばれるが、それは、四柱の神々の複合体であり、他に若宮が祀られている。それらの祭神は、次のようになる。

一宮　鹿島神（武甕槌命《たけみかづちのみこと》）
二宮　香取神（経津主命《ふつぬしのみこと》）
三宮　天児屋根命《あめのこやねのみこと》
四宮　比売神《ひめのかみ》
若宮　天押雲根命《あめのおしくもねのみこと》

なぜ、春日神を構成する神々のなかに、春日大社からは遠く離れた鹿島神宮と香取神宮の祭神が含まれているのか。これは、昔から解かれていない謎で、春日大社の成立にかかわるものと考えられる。こうした神々の本地仏を示せば、次のようになる。

一宮（鹿島神）　釈迦如来、もしくは不空羂索観音《ふくうけんじやくかんのん》
二宮（香取神）　薬師如来、もしくは弥勒菩薩
三宮（天児屋根命）　地蔵菩薩
四宮（比売神）　十一面観音、もしくは大日如来
若宮（天押雲根命）　文殊菩薩

本地仏の方は、興福寺の各堂宇に祀られてきた。釈迦如来は、最近再建された中金堂の本尊である。薬師如来は東金堂の本尊である。不空羂索観音は最初講堂に祀られ、後に南円堂に移された。弥勒菩薩も北円堂に安置されてきた。

『神も仏も大好きな日本人』では、こうした興福寺の本尊が、興福寺と縁の深い室生寺の金堂でも祀られていることについてもふれた。そして、春日大社と興福寺の本地垂迹の関係を一枚の絵として表現したのが、「春日宮曼荼羅」と呼ばれるものである。

春日宮曼荼羅にはさまざまなものがあるが、通常は、そこに春日大社と興福寺の境内が描かれている。興福寺の方はたいがい、境内のごく一部が描かれるだけだが、春日大社の

方は本殿や若宮がそのましっかりと描かれている。興福寺が下にあって、春日大社が上に位置しており、その間を一本の参道がつないでいる。

春日大社のさらに上には、その神体山となる御蓋山《みかさやま》（三笠山）が描かれ、そこには、五体の仏が浮かんでいる。これが本地仏である。

摂政関白であった九条兼実《かねざね》は、藤原北家につらなる人物で、「玉葉《ぎょくよう》」という日記を残している。兼実はそのなかで、春日大社に参詣する代わりに、奈良の僧正から贈られた「図絵春日御社」を自宅に掲げ、その前で、春日大社に参詣したときと同じように束帯を着け、奉幣《ほうへい》を捧げ、読経（「般若心経」一千巻）を行ったと記している。図絵春日御社が春日宮曼茶羅をさすものと考えられる。平安京が開かれると、藤原氏をはじめ貴族は奈良から京都に移った。そうなると、簡単には春日大社に参ることができない。そこで、こうしたやり方がとられた。だからこそ、多くの春日宮曼茶羅が作られたのである。

春日宮曼茶羅は、神仏習合の信仰がどのような形をとっていたかを目に見える形で示してくれるものだが、それをよりはっきりと示すのが、奈良時代に神社の境内に設けられるようになった「神宮寺」である。神宮寺は、「別当寺」、「神願寺」、「神護寺」、あるいは「宮寺」とも呼ばれた。最初期の神宮寺としては、越前《えちぜんけ》気比《ひ》神社の気比神宮寺、伊勢多度《いせたど》

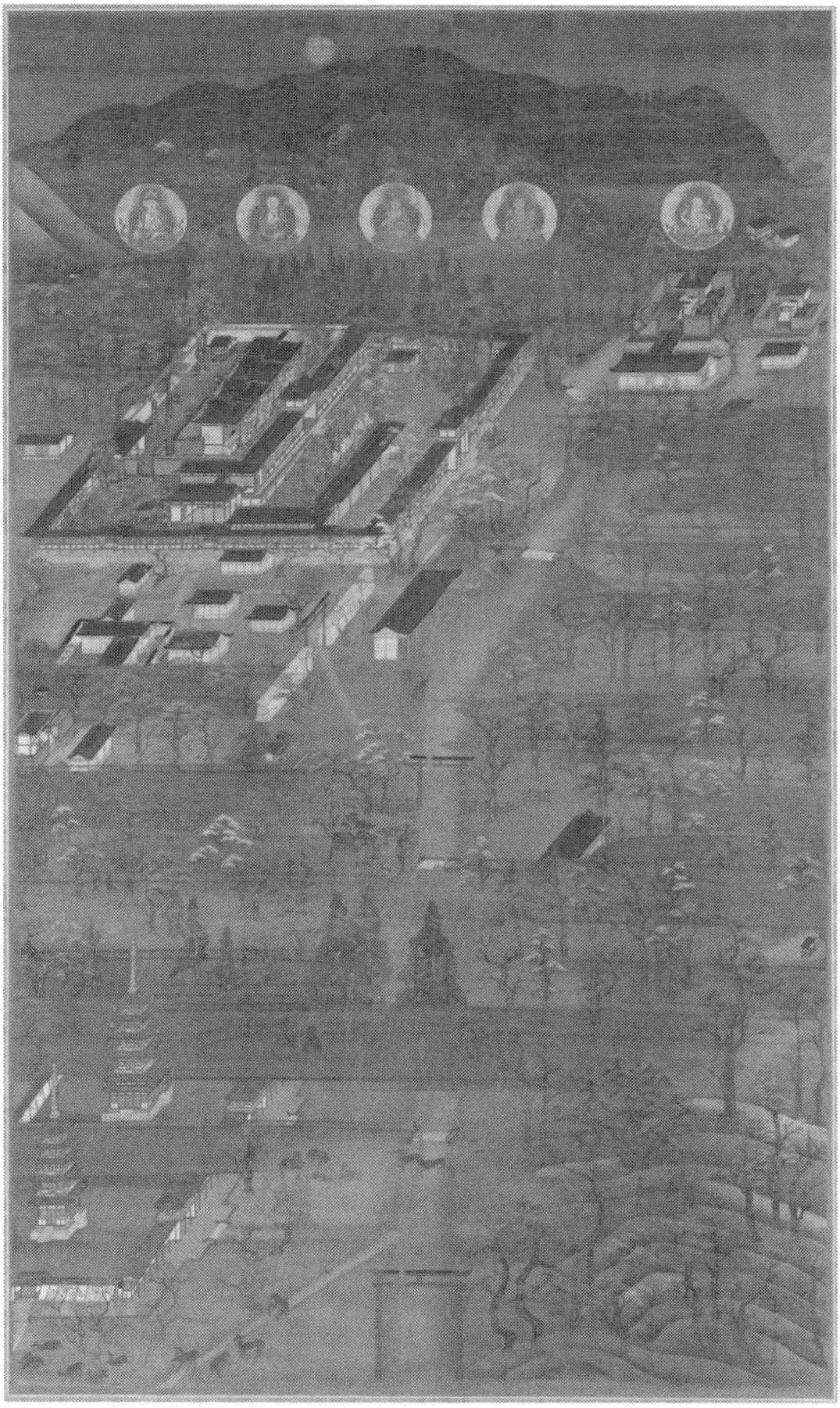

春日宮曼荼羅（根津美術館所蔵）

神社の多度神宮寺、若狭《わかさ》姫《ひめ》神社の若狭《わかさ》比古《ひこ》神願寺、豊前《ぶぜん》宇佐《うさ》八幡《はちまん》の宇佐八幡弥勒寺などがあげられる。

神道の持つ「祟りを鎮める役割」

それぞれの神社や寺院がどのような経緯で創建されたかを伝えるものとして「縁起」があるが、神宮寺のなかでももっとも古い縁起が多度神宮寺にかんする「多度神宮寺伽藍縁起幷資材帳」という史料である。

この資材帳によると、天平宝字七（七六三）年、満願禅師《まんがんぜんじ》という正式に得度していない私度僧《しどそう》が、多度神社の東に道場を建立し、丈六の阿弥陀仏を造立した。すると、多度神の神託が下ったという。それは、「吾れ、久劫《きゅうごう》を経て、重き罪業を作し、神道の報いを受く。今冀《こいねがわく》は永く神身を離れんが為に、三宝に帰依せんと欲す」というものであった。多度神が神になったのは罪業によるもので、神はその境涯から逃れるために仏教に帰依したいというのである。満願禅師は、この多度神の願いを聞き入れ、小さな堂宇を建て、そこに「神御像」を祀ったとされる。

ここには、元をたどればインドに行き着く輪廻転生の考え方が反映されている。インドでは古代から、あらゆる生き物は亡くなれば輪廻し、他の生き物に生まれ変わると考えられていた。

仏教では、「六道輪廻」ということが言われ、輪廻していく先として、天道、人間道、修羅道、畜生道、餓鬼道、地獄道が区別された。神は、本来ならもっとも上に位置する天道に属するものと思われるが、その神でさえ、輪廻転生することを苦としてとらえ、そこからの解脱を願っているというのである。

神道の場合には、それを実践する人間が、自らを向上させるために修行する機会は設けられていない。それでは、解脱し、仏になることはできない。そこで、神自身も仏教の修行を実践し、それで神の身を脱して、解脱したいというわけである。

ここで言われる神御像が、いかなるものだったのか、それが残っていないため不明だが、その後、数多く造られた「僧形八幡神像」は、八幡神が自らの解脱をめざして仏道修行にはげむ姿を描き出したものである。

神宮寺の発想も、神が解脱を望んで仏道修行を求めるとしたところで、仏教優位の考え方である。神道のやり方では解脱に至ることはないが、仏教の力があれば、神でも解脱できるとされるからである。

しかし、それだけの力を持つ仏教が手を出せない領域があった。それは、中世以降の神道のあり方を考える際に重要な意味を持ってくる。

それは、「祟り」を鎮めるという役割である。

仏教は本来、無我の立場をとり、霊魂、霊的なものの存在を認めない。

最澄

ただし、仏教は初期仏教から大乗仏教へと発展していくなかで、インドの神秘主義の影響を受けることで密教が生み出されると、そのあり方は大きく変わっていく。密教では、それ特有の儀礼を通して霊に働きかけ、悪霊の場合にはそれを除去するようなことが行われるようにもなっていったからだ。

密教がそうした力を持っていることから、天皇をはじめ公家や武家から大きな期待を寄せられるようになる。平安時代に唐に渡った最澄は、「法華経」を中心とした天台教学を学ぶことを留学の目的としていたのだが、最後の段階で中国で密教が流行していることに気づき、それを学んだ。すると、帰国後には、天皇から密教の儀礼である灌頂《かんじょう》を行うことを求められ、日本で最初にそれを実践することとなった。

最澄と同じ遣唐使船で唐に渡った空海が、唐の都長安で本格的な形で密教を学び、それで帰国すると、密教への期待はさらに高まり、ついには仏教界を席捲するまでの広がりを見せる。最澄の開いた天台宗のなかで密教がかなりの比重を占めるようになるのも、そのためだが、奈良の南都六宗の場合にも、密教の信仰をかなり取り入れていく。

しかし、祟りという現象については、必ずしも密教は十分な効果を発揮できなかった。むしろそれは神道の役割となったのである。

すでに述べたように、日本の神々のなかでもっとも重要とされた天照大神と八幡神は、祟る神としての性格を持っていた。平安時代には、天照大神を祀る伊勢神宮と八幡神を祀る石清水八幡宮は「二所宗廟」と呼ばれ、別格の扱いを受けていたが、そこには、この二つの神が祟りをもたらすほど強力な神であったことがかかわっていた。

空海

天照大神が伊勢に祀られるまでの経緯は、第4章で見たように、日本書紀に述べられているわけだが、そこにどういった歴史的な事実が含まれているか、それを明らかにすることは難しい。ただ、古代の人々は、天照大神が皇室の祖先神であるからという理由だけでそれを丁重に祀ったわけではないように見受けられる。疫病などをもたらすほど強力で危険な神であるからこそ、朝廷のある場所から引き離され、風光明媚で豊かな伊勢の地にそれを祀ったのだ。

斎宮が設けられたのも、内親王や女王たちを天照大神に生け贄として捧げる意図があったのではないかとも推測される。丁重に扱わなければ、いつ何時災厄をもたらすかもしれない。そうした恐れが、神宮祭祀にはつきまとっていた。

もともとは渡来人が祀っていた八幡神が、古事記や日本書紀にはまったく登場しない神であるにもかかわらず、急速にその存在感を増し、朝廷の信仰を集めるようになるのも、そのこころが荒れると人々を死にいたらしめるほど強力な神であったからだろう。

祟りをもたらすほどの強力な神に対しては、それを祀るべき場所を用意し、そこで力を尽くして祀り続けなければならない。そうした考え方が古代に生まれ、それがそのまま実践されてきたことになる。

そして、祟りという現象が起こった際には、祟りをもたらす存在を特定し、それを神として祀るという手立てが試みられるようになるのである。

神として祀られた菅原道真

その代表が、天神として祀られた菅原道真の場合である。

道真の生まれた菅原氏は代々学問の家で、道真の祖父の清公《きよとも》や父の是善《これよし》は、漢文や歴史を教授する文章博士《もんじょうはかせ》を務めた。また、清公は私塾を開き、官吏登用試験の合格者を多数輩出した。ただし、清公はその父親を超えて参議となり、公卿に列せられたものの、従三位どまりで、是善も、やはり参議となったものの、従三位、左京大夫までしか出世できなかった。

菅原道真

それに対して、道真の場合には、学問の面で才能を発揮するだけではなく、讃岐守《さぬきのかみ》となって現地に赴き、実際に政務をこなしており、行政官としての能力も備えていた。そのことが、道真を、祖父や父を超えて正三位、右大臣にまで出世させることにつながる。宇多天皇に評価され、側近として登用されたのである。

しかし、そのことは右大臣にまで登り詰めた道真を一気に突き落とすことにも結びついた。突如、太宰府に左遷され、無為のうちにそこで亡くなることになるからである。

なぜ、そうした運命が道真を襲ったのだろうか。

平安時代の政務運営についての事例集である「政治要略」には、道真に左遷を命じた醍醐天皇の宣命がおさめられている。醍醐天皇は宇多天皇の子である。それによれば、道真は貧しくて低い家柄であったにもかかわらず、大臣に引き上げてもらった。ところが、政治的な野心を抱き、宇多法皇を欺いて、醍醐天皇の廃立を企んだ。それは、天皇親子や兄弟の間を離反させ、関係を破壊するものだというのである。

低い家柄であったことが問題視されていることについて、道真は左遷される前から、自らそれを強く感じていた。

道真が、右大臣に任じられたのは昌泰《しょうたい》二（八九九）年のことで、それは左遷を命じられる二年前のことだった。その際に道真は辞表を提出している。任じられても、すぐにそれに応じず、辞表を出すことは、当時の慣行でもあった。

右大臣任命は二月一四日のことで、三度目の辞表を提出したのは三月二八日だった。三度辞表を出すのは慣例だが、道真は、辞表を出す理由として、自らの家柄の低さなどをあげるだけではなく、中傷を受けてきたこともあげていた。道真が栄達をとげると、小さな過ちを見つけようとする動きが起こり、さらには、甚だしい非難が起こるようになったというのである。翌年に、兼任していた右大将についても辞表を提出しているが、そこでも、「謗《そしり》の声」があったことを理由の一つにあげていた。

道真は異例の出世をとげたことで恨みをかっており、そのことを自らはっきりと認識していた。しかし、だからといって道真が最終的に出世を諦めたわけではない。そこに、道真の微妙なこころの内が示されているようにも思われる。

しかも、左遷の理由としてあげられていることが、幾分かは事実にもとづくものである可能性を示す史料も残されている。

平安時代の私撰の歴史書である「扶《ふ》桑略記《そうりやつき》」に引用された「醍醐天皇日記」には、太宰府まで赴いた藤原清貫《きよつら》が道真から聞いた話が出てくる。道真は、自分はそんな陰謀は働いていないが、源善《みなもとのよし》の誘いを受けたことがあったことは認めたというのである。善も、この件で出雲権守《ごんのかみ》に左遷されている。

果たして道真が無実であったのかどうか、判断を下すのは難しいところだが、道真が太宰府で亡くなった後、その事件に関係する人物が次々と命を落とすようになっていくことで、道真の祟りということが囁かれるようになっていく。

最初に亡くなったのは、道真が右大臣の地位にあったとき、それより上位の左大臣だった藤原時平である。時平は、歌舞伎などでは、道真を陥れた大悪人として描かれ、そのイメージが広がっているが、現実の時平は、摂政関白をつとめた藤原基経《もとつね》の子で、藤原氏のなかでももっとも栄えた藤原北家に連なる歴とした公家であった。道真とは、ともに政務にあたっていたわけで、漢詩の交換なども行っていた。道真の子孫が、左遷を「時平の讒《ざん》言《げん》」によるものとしたことで、その見方が定着するが、事実はそれほど単純ではなかったように見受けられる。

時平は、道真が左遷された後、荘園整理令をはじめて出すなど政治改革にも力を尽くした。ところが、延喜九（九〇九）年に三九歳で亡くなってしまう。当時は、今よりはるかに寿命は短かったわけだが、それにしても時平は若くして亡くなったと言える。ただし、これは注目しなければならないことだが、時平の死の直後に、道真の祟りということが言われるようになったわけではない。

時平が亡くなってから一四年後の延喜二三(九二三)年、時平の妹である穏子《おんし》と醍醐天皇のあいだに生まれ、皇太子の地位にあった保明《やすあきら》親王が二一歳の若さで亡くなってしまう。平安時代後期に成立した「日本紀略」の同日の条では、保明親王の死について、「菅帥《かんそち》の霊魂宿忿」の仕業であるという噂が流れたとされている。道真の霊が祟ったというのである。

ではなぜ、時平が亡くなったときに、道真の祟りということが言われず、保明親王の場合に、それが言われるようになったのだろうか。

私は、そこに疫病の流行の有無がかかわっているのではないかと考えている。

†疫病の流行が「祟り」と結びつく

時平の死因については、医学博士の川井銀之助が戦前に論文を書いて、考察を加えている(「藤原時平公の薨去《こうきょ》の原因―附『御むすめの女御、御孫の東宮』の事に就て」『中外医事新報』第一一六四号、一九三〇年一〇月)。それによれば、肺結核の可能性が示唆されている。

果たしてこの推測が正しいのかどうか、判断する手立てがないが、少なくとも疫病によるものではなかったようだ。

これに対して、保明親王が亡くなった年の一月からは、「咳病《がいびょう》」と呼ばれる疫病が流行していた。咳病が咳を主症状とするものである点からすると、インフルエンザの可能性がある。この時代は咳病の流行がくり返され、それは祇園祭を生むことになる御霊会《ごりょうえ》の開催にも結びついた。疫病の流行によって生まれた社会不安が、道真の祟りと言わしめることにつながったのではないだろうか。

醍醐天皇は、保明親王が亡くなった直後の、四月一一日に「延長」と改元した。同じ月の二〇日には、道真を元の右大臣に戻し、正二位を追贈するという詔《みことのり》を出し、あわせて左遷の詔を破棄している。これは、天皇がはっきりと道真の祟りと認めたことを示している。

それでも事態はおさまらなかった。保明親王の第一子だった皇太子の慶頼王《よしよりおう》も五歳で亡くなる。さらには、政務がとりおこなわれていた宮中の清涼殿が落雷の被害を受け、道真を太宰府に訪ねた大納言の藤原清貫をはじめ六人が亡くなるという出来事が起こる。醍醐天皇は、この出来事に衝撃を受け、その三カ月後に四六歳で亡くなってしまう。延長八（九三〇）年のことだった。

しかし、この段階ではまだ、道真を神として祀るということは行われなかった。

すでにふれた「扶桑略記」には「道賢上人冥途記」というものが引用されている。それによれば、山岳修行者の道賢《どうげん》は、天慶四（九四一）年八月、修験道の聖地である金峰山で修行を行っていたところ、その最中に倒れ、蔵王権現の導きによって太政威徳天《だじょういとくてん》と呼ばれる魔王のところへ赴いたという。威徳天は、自分は道真の霊であると言い、世の中で起こっている疫病や災厄は自分が引き起こしているものだと語った。道賢は、地獄にも案内され、道真を死に追いやった醍醐天皇や時平などの廷臣たちが地獄の業火に責め苛まれている光景も目撃した。醍醐天皇は道賢に対して、現世に戻ったならば、自らのために功徳を積んで欲しいと願ったという。

地獄の亡者を救うために功徳を積むというのは、仏教の発想である。地獄自体が仏教が説いた死後の世界である。ただし、醍醐天皇の願いがかなえられたとしても、それは天皇個人の救いになっても、太政威徳天となって猛威をふるう道真の霊を鎮めることにはならない。

道真を神として祀るという発想は別のところから生まれる。

平安時代の末頃、道真の子孫にあたる菅原陳経《のぶつね》によって編纂された道真の伝記「菅家御伝記」によれば、道賢が魔王となった道真に会った翌年の天慶五（九四二）年七月一二日、京の右京七条二坊に住む多治比文子《たじひのあやこ》という巫女が神憑りし、道真の霊は、生前にしばしば遊覧した北野の右近馬場に自らを祀れと命じた。ただし、文子は貧しく、それが叶わず、自分の家で祠を祀っていた。

それから五年後の天暦元（九四七）年三月一一日に、近江国比良宮《ひらのみや》の神職良種《よしたね》の子である七歳の太郎丸に、道真の霊が降り、自分が祀られたいと思う場所に松を生じさせるという託宣を下す。すると、一夜にして一〇〇〇本の松が右近馬場に生えた。そこで良種は、北野の朝日寺の僧侶であった最珍《さいちん》とともに、その年の六月九日に北野に神殿を造立し、天満天神を祀ったというのである。

ただし、北野の地には、道真が生まれる前から天神社《てんじんしゃ》が鎮座しており、それは、雷の神として信仰されていた。道真が雷となって被害をもたらしたことで、この天神社と習合し、その後に社殿の建て増しが行われたようだ。

永延元（九八七）年には、はじめて北野天満宮で勅祭《ちょくさい》が営まれ、「北野天満宮天神」の勅号が贈られた。そして、正暦四（九九三）年六月二六日には、道真に対して正一位左大臣の位が、同年一〇月二〇日にはさらに太政大臣が追贈された。これで、道真はその死後、官位の最高位にのぼりつめたことになる。

その時点で、道真が亡くなってからすでに一〇〇年近い歳月が流れていた。この時期になると、道真の祟りによるとされる出来事も起こらなくなる。そして、北野天満宮は、無実の罪をはらす「雪冤《せつえん》の神」として信仰され、やがては学問の神、書道の神としての信仰を集めるようになる。祟り神が鎮まることで利益をもたらす神へと変貌したわけである。

祟りをもたらす人物を神として祀る例は、その後も見られた。

全国各地には、新田八幡神社というものがあるが、八幡と名乗る以上、その祭神は八幡神であるはずである。

ところが、愛媛県喜多郡内子町中田渡《うちこちょうなかたど》にある新田八幡神社の祭神は新田義宗とされる。義宗は南北朝時代の武将で、鎌倉幕府を滅ぼす上で軍功をあげた新田義貞の三男であるが戦死した。

あるいは、同じく八幡だが、群馬県桐生市の皆沢《みなさわ》八幡宮では、平安時代に平家方で戦った武将、足利忠興を祭神としている。

柳田國男は、「人を神に祀る風習」(『民族』、大正一五年一一月号)という論文を書いているが、そこで、新田八幡神社や皆沢八幡宮のように、八幡と称していながら、戦いで亡くなった武将を祀った神社は「新八幡」と呼ばれたと述べている。

柳田は、そうした現象は八幡だけに見られることではないとしているが、同時に、「八幡神社の今日のごとく盛んな分布には、あるいは怨霊の統御という信仰が一大原因をなしていたのではないか否か」とも述べていた。戦いで亡くなった武将は、志《こころざし》なかばで命を絶たれたわけで、そこから怨霊となって祟る可能性があると見なされ、恐れられた。そこで、武家が信仰した八幡神として祀られるようになったというわけである。

ここでも、祟りを鎮めるために、仏教の信仰が持ち出されることはなかった。そのためには神として祀るほかはなく、その役割は、もっぱら神道が担うこととなったのである。ただ、仏教が、恨みをもって亡くなった人間の霊を鎮めることはある。それは、室町時代からはじまる能楽に見ることができる。

能楽には数多くの曲があるが、そこに登場する役者は、シテ、ワキ、ツレと呼ばれる。シテは亡霊であることが多く、能舞台に登場すると、自らの境遇を語り、亡くなった経緯を恨みを込めて語る。その話を聞くのがワキで、僧侶であることが多い。

こうしたシテとワキとの関係は、能楽が鎮魂のための演劇であることを示している。僧侶であるワキは、シテの恨みを受け取り、成仏へと導いていくのだ。

その点では、仏教にも祟りを鎮める力が備わっていることになるが、恨みをもって亡くなった人間を、仏教の本尊となる仏として祀るということはできない。仏教の信仰を大きく変容させて、そうした方向に持っていくこともできたかもしれないが、現実にはそうはならなかった。そこで祟りを鎮める役割は、もっぱら神道の側が果たすことになったのである。

†神として祀られた秀吉、家康

近世以降になると、人を神として祀る場合、その理由が変化していく。恨みや祟りを鎮めるためではなく、その人物を死後に顕彰するために神として祀ることが行われるようになっていくのである。

そのはじまりとなったのが豊臣秀吉の場合であった。秀吉は、その死後、豊国神社に豊国大明神として祀られた。秀吉は天下統一をなしとげたわけだが、戦いのなかで亡くなったわけではない。毒殺説もあるが、一般的には六一歳で自然死したとされている。

秀吉が神として祀られるにあたっては、そうした遺言を残したからだと説明されることがある。実際、イエズス会の宣教師であったフランシスコ・パシオは、秀吉が死後に「……シンハチマン、すなわち、新しい八幡と称されることを望みました。なぜなら八幡は、往昔のローマ人のもとでの（軍神）マルスのように、日本人の間では軍神として崇められていたのです」と述べている（ルイス・フロイス『日本史2』の付録「フランシスコ・パシオ師の『太閤秀吉の臨終』についての報告」松田毅一・川崎桃太訳、中央公論社）。

ところが、死の直前、慶長三（一五九八）年八月四日に秀吉が残した遺言状では、六歳の秀頼の行く末を徳川家康など五人の大老に託してはいるものの、そこでは、自らが死後に新八幡として祀られたいという希望は示されていない。

また秀頼が、翌年の三月五日に、五奉行の一人、前田玄以《げんい》を通して朝廷に奏上した文書では、「ゆいこんに、あみたのたけの大しやにいわられたきのことにて」とある（『御湯殿上日記』慶長四年三月五日の条。これは、御所に仕える女官たちの日記）。

あみたのたけとは、秀吉が大仏を安置するために建立した方広寺のすぐ東方にある阿弥陀ヶ峯のことであり、実際、秀吉はそこに葬られている。ここでは、「大しや（大社）」としか言われておらず、新八幡として祀るよう遺言したとはされていない。

では、豊国神社に豊国大明神として祀られるようになったのはなぜなのだろうか。それは、吉田神道の当時の当主、吉田兼見《かねみ》の働きかけによるものだった。慶長四（一五九九）年四月には、徳川家康以下の諸大名が参列して豊国神社の遷宮式が営まれている。

吉田神道は、室町時代後期になって生まれた神道の新しい流派であり、唯一神道、卜部《うらべ》神道、宗源《そうげん》神道などとも呼ばれる。これを創始したのは、古代から朝廷の祭祀を司ってきた卜部家につらなる吉田兼倶《かねとも》であった。兼倶は、本地垂迹説に対抗する形で鎌倉時代中期から唱えられるようになる「神本仏迹説」を信奉したが、その信仰内容は、密教の影響が明らかな秘伝を強調するなど、仏教や儒教、道教、さらには陰陽道を取り入れたものであった。

兼倶は、遺骸の上に社殿を建て、それを神として祀るという新しいスタイルを確立し、自らの死後にはそのような形で葬られた。吉田神道の本社は京都の吉田神社だが、その境内には、兼倶を神龍大明神として祀った神龍社がある。その後、吉田家の歴代の当主は、同じような形で死後に神として祀られていく。

兼見は、そうした吉田神道の伝統にもとづいて、秀吉を豊国大明神として祀ることを提案し、朝廷からその神号を下されるようはからった。豊国という神名は、直接には豊臣姓から来るものだが、記紀神話における日本の古い名、豊葦原中津国《とよあしはらのなかつくに》に由来すると説明された。

吉田家が神として祀る場合、「大明神」という神号を用いた。吉田家は、自らが開拓した方法で秀吉を祀ることで、神道の総元締めとしての地位を確立しようとした。兼倶は、神祇官の長官であった白川伯王家《しらかわはくおうけ》に対抗し、「神祇管領長上《じんぎかんれいちょうじょう》」を名乗った。

そこには神社界の勢力争いがかかわっていたことにもなるが、そうしたことは、家康が「東照大権現」として祀られる際にも起こった。

家康の側近であった臨済宗の僧侶、金地院崇伝《こんちいんすうでん》の残した「本光國師日記《ほんこうこくしにっき》」には、家康の遺言が記録されている。そこでは、遺体はまず家康の生地である駿河国の久能山に埋葬し、葬儀は菩提寺である増上寺で行い、位牌は徳川家のもともとの菩提寺である三河国の大樹寺《だいじゅじ》に安置するよう指示されている。そして、一周忌が過ぎた時点で、日光山に小さな堂宇を建てて家康の霊を勧請し、関八州《かんはっしゅう》（現在の関東地方）の鎮守にせよというのである。

実際、家康は遺言通りの葬られ方をすることになるが、一つ大きな違いは、小さな堂宇ではなく、日光東照宮という形で立派な社殿が建てられたことにあった。それは、二代将軍となった秀忠の指示で行われた。
日光に家康を祀るにあたっては、どういった存在として祀るべきかについて論争が起こった。崇伝や吉田家に生まれた神龍院梵舜《しんりゅういんぼんしゅん》は、吉田神道のやり方で祀ることを主張した。それに対して、やはり家康の側近であった天台僧の天海は異議を申し立てた。生前の家康は、天台宗の山王一実《さんのういちじつ》神道で葬られたいと希望していたというのである。天台宗の総本山である比叡山には山王神道が伝えられていたが、天海はそれを山王一実神道へと発展させた。

これによって両者のあいだで論争が巻き起こった。吉田神道で祀られた秀吉の豊臣氏がすぐに滅んだことが不吉とされたのか、論争は天海の側が勝利し、家康は山王一実神道の方式で葬られることとなった。朝廷からは、元和三（一六一七）年に「東照大権現」の勅諡号《ちょくしごう》が贈られた。そして、本地仏は東方浄瑠璃世界の教主である薬師如来と定められた。

家康を祀るにあたっては、吉田神道と山王一実神道のあいだで論争が巻き起こったわけで、それは神道界における勢力争いの性格を示していた。祀る目的は、徳川幕府を開いた家康を顕彰することにあったわけだが、神を祀る行為はあくまで人間の側に任されていた。秀吉も家康も死後に祟ったという出来事が先行し、それで祀られるようになったわけではない。そこが、道真の場合とは決定的に異なっている。秀吉も家康も自然死であり、戦死したわけではない。その点でも祟りの恐れはなく、そこで新八幡とは異なった。その点では、秀吉が自らは新八幡として祀られたいと遺言するはずもなかった。

秀吉と家康の例は、神を祀るという行為が、信仰上の問題ではなく、政治上の問題へと大きく変貌したものと見ることができる。神と人との関係は、古代や中世と比較するなら、大きく変わったのだ。神は人間の力を超えた存在ではなく、人が制御し、利用できる存在に変貌したのである。

†祈れば利益を与えてくれる存在となった神

その後、江戸時代には、各藩の藩主が神として祀られるようになる。これも顕彰のためである。そして、明治時代になると、藩主を祀ることが積極的に行われただけではなく、明治維新を実現させる上で思想的に大きく貢献した国学者や幕末の志士、維新政府の重臣や軍人などが神として祀られていく。

さらには、南朝の天皇や皇族、そして南朝方の天皇に忠を尽くした「忠臣」が次々と神として祀られるようになる。それは、南朝とはかかわりがなく、神武天皇をはじめ重要と見なされた歴代の天皇が神として祀られ、神社が創建されることに発展していく。

さらには、最初官軍の戦死者を神として祀ることからはじまった靖国神社にも受け継がれていく。やがて、日本が日清・日露戦争という形で対外戦争に打って出るようになると、靖国神社には戦没者が祀られるようになり、太平洋戦争を経て、その数は二〇〇万柱を超えることになった。

近世から近代にかけて、神の数は膨大なものになった。そこには、新たな一大パンテオン(万神殿)が築き上げられることとなったのである。

靖国神社の場合には、戦争で犠牲になった人間が祀られたわけで、そこには、祟りを恐れるという感覚が幾分働いていたかもしれない。「英霊」として祀られた戦没者は、とくに戦争初期の時代には独身者が多かった。結婚せず、子どもを残さなければ、その子孫はいないわけで、祖先として祀られることはない。靖国神社や、各道府県の護国神社は、存在しない子孫に代わって戦没者の慰霊の役割を担ったとも言える。

日本が戦争に敗れたことで、GHQは当初の段階で、靖国神社の廃止を検討した。しかし、現実はその方向には向かわなかった。靖国神社は国家の手を離れ、民間の一宗教法人として生き延びることとなった。

占領が終わると、戦没者の遺族が組織した日本遺族会を中心に、靖国神社国家護持の運動が盛り上がりを見せた。靖国神社は日本の国家が創建したものであり、国が管轄するのが本来のあり方だというわけである。それは、靖国神社法の国会での上程にまでは結びついたが、法案は廃案となり、国家護持は実現されなかった。

戦後の日本国憲法では、政教分離の原則が確立され、靖国神社を国家の手に戻すには、その「非宗教化」が不可欠だと見なされた。しかし、内閣法制局が示した非宗教化の方向性は、靖国神社から神道色を一掃するものであり、それは靖国神社の側には到底受け入れられないものであった。

かくして、靖国神社は民間の宗教法人として存続するしかなくなり、今日に至っているが、すでに日本の敗戦から八〇年近い歳月が流れており、戦没者が祟るというような感覚はほとんどなくなっている。

それは、日本人の神に対する感覚の変化を象徴するものかもしれない。その変化は、古代から中世、中世から近世、近世へと続いてきたものであり、神は祟りを引き起こすほどの強い威力を発揮するものとはとらえられなくなった。

ドイツの宗教哲学者であるルードルフ・オットーは、『聖なるもの』（久松英二訳、岩波文庫）において、聖なるものの特徴を、人を「魅するもの」であると同時に「戦慄すべきもの」であるというところに求めた。

オットーは、プロテスタントの神学者でもあり、彼の議論はキリスト教を背景としたものである。旧約聖書の神は、その両面を備えているし、イエス・キリストも新約聖書においては、人を魅するとともに戦慄させる存在として描き出されている。

しかし、聖なるものはキリスト教以外の宗教にも見られるものであり、神道の神もその例外ではない。日本人が古来から神を祀ってきたのは、それに魅されたからでもあるが、それ以上に、神を怖れたからである。

ところが、歴史が進むなかで、神からは人を戦慄させるという側面が失われるようになってきた。それは、人間が力を持つようになってきたことの反映であるかもしれないが、神は世界に対して強い力を発揮する存在ではなくなってしまった。日本全国に祀られた神々は、それに祈れば利益を与えてくれる善き神となったのである。

果たしてそれが私たちにとって幸福なことだったのかどうか。日本人の神道を考える上で、それは是非とも問われなければならない事柄である。

最後に、現代にふさわしい神の祀り方について考えてみたい。

第7章

社殿のない神社

†怖れられなくなった神の存在

磐座で祭祀を行っていた古代の人間が、タイムマシンに乗って現代に旅してきたとしたら、現在の神道祭祀のあり方に接して、どのように感じるだろうか。

彼らは、社殿を造り、そこに神を祀るということを知らない。街のなかの神社で参拝している人間を見かけたら、そこに神道の信仰を見出すかもしれないが、自分たちの時代との大きな違いに愕然とするに違いない。

神に対する礼拝は、それほど簡単なことで済むのか。

神を怖れる必要はないのか。

そのように感じることだろう。

神社に神が祀られていると聞いても、すぐにはそこを訪れることはないかもしれない。彼らは深く神を怖れているからだ。

現代の生活にも慣れ、ようやくにして神社に足を踏み入れたとき、磐座を前にしたときとはまったく違うと思うはずだ。果たして彼らは、神社の社殿に神がいると感じるだろうか。それとも、いないと感じるだろうか。おそらくは後者ではないかと思う。

しかし一方で、自分たちが神を祀ったのは、神がひどく怖ろしいもので、祭祀を怠れば、とんでもない事態が起こると予想されたので、必死に神を祀ってきたのであり、現代ではその必要がなくなっているのだということに気づき、かえって安堵するかもしれない。さらには、自分たちが必死に神を祀ったことの成果が、遠い未来において実を結んだことに喜びを見出すかもしれない。

そうした心境の変化が起こったとき、現代の人々の暮らしが、自分たちのものとは根本的に異なるものであることに思い至るはずだ。

古代でも現代でも、自然が脅威を与えるものであることは変わらない。地震も起これば風水害も起こる。疫病の流行もある。火山が爆発するようなこともある。深刻な病に陥ったり、生活に困窮したりする人間たちもいる。

だが、現代では、そうした事態が起こったとしても、それに対処するための方法がさまざまに開発され、用意されている。

何より違うのは飢饉が起こるかどうかではないか。

古代では、災害が飢饉を引き起こし、それが疫病の大流行に結びつくことが少なくなかった。けれども、現代では、飢饉という事態は滅多に訪れない。食料の生産は増大し、しかも安定している。流通は国内全体、さらには海外にまで及び、日本ではあらゆる食べ物が供給されている。昔は当たり前に起こった、飢饉に苦しむ人々を疫病が襲い多くの人命が失われることはなくなったのだ。

古代において神が怖れられた背景には、自然の脅威ということが深くかかわっていた。人々が神を強く怖れ、それを丁重に祀らなければならないと感じたのも、自然を制御するすべがなかったからである。

現代でも、自然そのものを変えることは難しい。しかし、河川などの整備も進み、大洪水に見舞われることも少なくなった。何より、さまざまな災害に備えるためのすべが用意されている。超高層のビルを建てても、耐震設備があれば、大地震にも倒壊することはない。

そうしたことは、現代になって一挙に実現したことではなく、歴史を経るなかで徐々に整えられてきたことである。それにともなって、神と相対する仕方も大きく変容した。

中世には、「二十二社」の制度が確立された。これについては、拙著『二十二社―朝廷が定めた格式ある神社22』(幻冬舎新書)で論じたが、それは、国家にとって重要な出来事が起こったときに、朝廷が伊勢神宮をはじめとする二十二箇所の神社に使者を派遣し、幣帛を奉るものであった。

そのはじまりは、延暦七（七八八）年に伊勢神宮などに奉幣し、雨乞いを祈願したことにはじまる。

雨が降るかどうかは、農作物の生育に決定的な影響を与える。その点では、雨乞いは極めて重要な意味を持つ。逆に、雨があまりに続いたときには、雨が上がることを願って奉幣が行われた。二二社のなかには、丹生《にう》川上神社や貴船神社のように、水の神を祀っている神社も含まれていた。

もちろんそこに、雨をもたらす、あるいは雨を降らせない神に対する怖れの感覚はあったかもしれない。だが、神を怖れるよりも、神の力にすがるという感覚の方が強かったのではないだろうか。神には頼っているものの、そこでは人間の側の都合が優先された。すでにこの段階で、古代における神のあり方は変化を遂げていたと考えていいだろう。

†神の存在はこの世から消えたのか

武家が台頭するにつれて、八幡神への信仰が高まりを見せていく。鎌倉幕府を開くことになる源氏が、石清水八幡宮から八幡神を勧請する形で鎌倉に鶴岡八幡宮を創建するのも、そうした信仰が背景になっていた。その際にも、八幡神にはもっぱら源氏一門の守護が期待されたのであり、神を怖れるという面は見られなかった。

伊勢神宮の祭司として女性の皇族を送り込む斎宮の制度も、南北朝時代になると途絶える。そこには、建武二（一三三五）年に勃発した「延元《えんげん》の乱」の影響もあるが、その後復活されなかったのは、斎宮を設けるほど天照大神が恐ろしい神ではなくなったと判断されたからではないだろうか。

当初、伊勢神宮に対しては、「私幣《しへい》禁断」ということで、天皇以外の奉幣は禁じられていた。ところが、時代とともに、伊勢神宮に対する信仰は各階層に広がりを見せていく。伊勢神宮の側も、経済的な面で、さまざまな人々の支えを必要とした。

江戸時代になれば、庶民のあいだに伊勢参りが流行する。ただし、「伊勢参り神宮にもちょっと寄り」の川柳にも示されているように、伊勢神宮に祀られた神に対する怖れの感覚はまったく見られなくなっていた。

こうした事態と並行して、神の託宣が政治を左右することもなくなっていく。奈良時代には、皇位を狙っていた弓削道鏡の野望が、和気清麻呂が宇佐神宮で八幡神の託宣を受けたことで阻まれるという事件が起こった。この事件の真相がいかなるものであったのかについては議論があるものの、当時、神の託宣が極めて重要だという認識があったことは間違いない。

中世になっても、長元四（一〇三一）年には、伊勢神宮の斎王になった嫥子《せんし》女王が、月次祭のおり、雷雨のなかで神憑りし、自らを内宮の別宮である荒祭宮であると称し、斎宮《さいぐう》寮頭《りょうとう》夫妻の不正を告発するという出来事が起こっている（西宮秀紀『伊勢神宮と斎宮』岩波新書）。

しかし、こうした託宣も次第に見られなくなっていく。

神が直接姿を現すということでは、出雲国造に見られるように生き神という形があるわけだが、国造の場合、信仰の対象にはなっても、託宣を下すということはなかったように見受けられる。

生き神が自らの意志を伝えたということでは、第1章で見た天理教のように、幕末維新期以降に現れた新宗教、民衆宗教に数多くの事例を見出すことができる。教祖は神憑りし、神のことばを伝えた。そうした神は、ときには怒りをあらわにし、周囲の者を怖れさせた。その点では、古代における神のあり方が再現されたとも言える。

だがそれも、次第に変容を遂げていく。教祖が神憑りして、神意を伝えるというあり方は、戦後すぐの時代までは見られた。人間宣言した天皇に代わる役割を果たすと称した璽宇の璽光尊や、踊る宗教とあだ名された天照皇大神宮教の北村サヨがそうした教祖にあたる。しかし、経済が発展し、社会が安定してくるにつれて、そうした教祖が現れることもなくなっていく。

それは、霊が憑くといった現象についても言える。

私は、大学四年生のときに、新宗教を調査するゼミを受講した。ゼミ生は手分けして新宗教の各教団に潜入調査を行ったのだが、世界真光文明教団を対象とした学生が、この教団特有の「手かざし」を実践する場面を撮影した映像を披露してくれたことがあった。

手かざしをされた人間は、突然、のたうち回る。その人間には、先祖の霊が憑いており、恨みごとを言い出す。それは、相当におぞましい光景だった。

そこには、家の存在が深くかかわっていた。日本の家は生活の基盤であり、その分、そこに暮らす人々の暮らしを圧迫する面があった。そうしたことがあったからこそ、家は重いもので、その重圧に苦しめられている人間が神憑りするような出来事が起こった。新宗教の教祖たちも、状況は同じだった。しかし、こうしたことも現代では見られなくなった。

神の姿がこの世から消えた。そのように言ってもいいのかもしれない。

†「神は死んだ」

姿を消したということは、神は死んだということなのだろうか。

ドイツ・プロイセンの哲学者、フリードリヒ・ニーチェが、その著作のなかで「神は死んだ」と言い切ったのは一八八二年のことだった。日本では明治一五年にあたる。

ニーチェの言う神は、ヨーロッパを長く支配してきたキリスト教の神、この世界を創造した唯一絶対の神のことである。ニーチェのことばは、神の力が衰え、人間の時代が訪れたことを高らかに宣言したものだった。

もちろん、ニーチェの宣言の後も、神を信じ続ける人間が消え去ってしまったわけではない。熱心な信仰を持ち続けた人間は少なくないし、修道生活のなかでひたすら神に祈り続ける人間もいた。それは、今でも変わらない。

しかし、私が『宗教消滅―資本主義は宗教と心中する』や『捨てられる宗教―葬式・墓・戒名を捨てた日本人の末路』（ともにSB新書）で指摘したように、とくに西ヨーロッパを中心に、キリスト教の信仰の衰退という現象が起こっている。ニーチェは、正しく未来を予測していたと言えるだろう。

そうした傾向は先進国共通の現象であり、日本もその例外ではない。バブル経済の時代を頂点として、その後、各宗教団体は信者を大きく減らしている。新宗教のなかには、信者が激減し、教団の運営がおぼつかなくなっているところさえある。経済的に苦しい状況に追い込まれている教団も少なくない。大規模な建築物を建てたところは、その維持費を捻出するのに苦労している。

人々が宗教に期待を寄せるのは、病に陥ったときが多かった。宗教は病気治しの力があることを宣伝し、難病に罹った人間たちに対しても、それを克服できる希望があることを強く説いてきた。

しかし、現代の社会では、医療が発達し、また保険制度も整備されたことで、宗教に病気治しを期待することが少なくなった。病気に罹れば、先ず何より医者にかかる。そうした状況のなかでは、病が宗教への入口になることはない。

では、神道にも未来はないのだろうか。

神道が神を鎮めることをもっとも重要な役割としてきたとするなら、その役割はかなりの程度果たされたと言える。少なくとも、祟り神が跋扈するという状況ではなくなっている。たとえ疫病が流行しても、それを荒ぶる神の仕業としてとらえられることもなくなった。

†「教えがない」という神道の利点

神道には一つ大きな利点がある。

それは、神道には教えがないということである。

一般の宗教の場合、開祖というものがいて、その人物が教えを説いた。あるいは、神のことばを取り次いだ。その教えが聖典にまとめられ、信者は聖典に記されたことをもとに宗教生活を営んできた。イスラム教や、その源流となったユダヤ教では、宗教と世俗の生活のあいだに区別はなく、聖典に記されたことが日常生活を律することにもなってきた。

しかし、それぞれの宗教において、開祖が教えを説いたのは、はるか昔のことである。仏教なら二五〇〇年前、キリスト教なら二〇〇〇年前、イスラム教でも一四〇〇年前のことである。

時代が古いということは、開祖の説いた教えが現代において通用しなくなっていることを意味する。もちろん、それぞれの宗教には、教えを修正していく仕組みが整えられているし、事実、歴史とともに、かなりの変化を見せてきた。

だが、根本に問題があるとするなら、それを修正することはできない。少なくとも、聖典に記されていることを、現代の状況にあわせて変えることはできないし、新たな教えを追加することもできない。そこが、宗教の難しいところでもある。

ところが、開祖も、聖典も、そして教えも持たない神道の場合には、その歴史は古いものの、教えが古びていくということはない。それこそが神道の特徴であり、そこに将来への可能性を見出していくことができるかもしれないのだ。

神道も、神仏習合の時代には、仏教の影響を受け、さまざまな流派が生み出されていった。ただ、それぞれの流派では、伊勢神道などがそうであるように、特定の神社との結びつきが強く、その神社での祭祀の仕方を説くものであった。各流派が、独特の教えを説いたというわけではない。

近代になると、戦後に国家神道と呼ばれるようになる体制が確立され、政府は神道の教えを広める活動を展開しようとした。しかし、もともと教えのない神道では、教えを広めようもなく、仏教の力を借りざるを得なかった。そして、天皇が発した「教育勅語」が教えの役割を果たすことにもなったのだが、そこに体系的な教えが示されていたわけではない。また、その内容は直接神道とかかわるものではなかった。それも、中国の明朝の洪武帝が発布した「六諭《りくゆ》」の影響を受けているからである。

神道に教えがないということは、歴史を経ても変わってはいない。その点で、古代に遡る宗教であるからといって、教えが古くなるということからは免れている。

宗教においてもっとも重要なことは、「希望」を与えることである。よく「苦しいときの神頼み」ということが言われる。人は苦難にあったとき、宗教を求めるというわけである。


しかし、これまでの歴史、あるいは現実を踏まえて考えるならば、ことは必ずしもそのようには進まない。人は単純に苦しさからの解放を求めて宗教に接近するわけではない。その宗教が、前途に希望を与えてくれるからこそ、そこに魅力を感じるのである。たとえば、戦後の日本社会で新宗教が拡大したのは、これから社会が豊かになっていくという希望を持つことができたからである。その希望が信仰と重なり合い、信仰すれば幸福になれるという確信を与えた。

では、果たしてこれからの神道は、日本人に希望を与えるものになりうるのだろうか。現状のままでは、それはかなり難しいことに感じられるかもしれない。

そうしたときこそ、「原点」に立ち戻ることが必要になる。

一神教の世界であるならば、原点になるのは聖典であり、それが原典である。信仰のあり方に問題が生じたときに叫ばれるのは、原典への回帰である。キリスト教なら、「聖書に帰れ」ということになる。プロテスタントを生むことになる宗教改革は、まさにそこからはじまった。

イスラム教なら、「コーランに帰れ」となる。イスラム教の世界では、信仰がもっとも篤いものであったのは、預言者ムハンマドが生きていた時代であったとされる。原典への回帰は、その時代への回帰でもある。

仏教の場合だと、原典となる仏典はさまざまで、「仏典に帰れ」と言っても、それだけでは、あまり意味をなさない。日本の仏教であれば、前の章で述べたように宗派仏教が特徴であり、むしろ「宗祖《しゅうそ》に帰れ」ということになる。

では、神道の原点はどこに求められるのだろうか。

それは、古い時代の祭祀のあり方に戻るということではないだろうか。ここまで述べてきたように、神道の祭祀は、磐座ではじまった。その場で祭祀を行うことによって、神の出現を願い、神を供物などによって丁重にもてなし、その魂が荒ぶることがないよう祈ったのだ。あるいは、沖ノ島であるなら、神話劇を演じることで、神代の時代をそこに蘇らせたのだ。

その後、一般の神社では、磐座のある山が神体山として信仰の対象となり、その麓に鳥居が建てられ、神域と俗界が区別されるようになった。そして、神体山を拝むための拝殿が建てられ、やがては本殿に祭神が鎮座していると見なされるようになっていった。それが、現在の神社の姿を生むことになったわけである。

果たしてそうした祀られ方は、神の側が望んだものなのだろうか。それは分からない。たしかに、本殿という狭い空間のなかに神が封じ込められることで荒れ、何らかの被害をもたらしたという話は伝えられていない。

だが、本当に本殿に神が鎮座しているのかどうか、それは確かめようがない。

†神を狭い空間から解き放つ

ユダヤ人が、古代においてパレスチナの地にいた時代、そこには神殿が設けられ、そのなかには「至聖所《しせいじょ》」というものが存在した。

至聖所には、モーセの十戒が記された「契約の板」をおさめた箱が安置されていたが、そこは天地創造が行われた場所とされ、この世の楽園と見なされる一方、死の穢れが忌避された。

ユダヤ教の大祭司は、一年に一度、贖罪日（ヨーム・キップール）に至聖所に入室するのだが、「死に直面して極めて危険な状態におかれ」、「恐怖のあまり気絶することもあったため、足首にロープを巻いて入室したといわれている」（市川裕『ユダヤ教の歴史』山川出版社、二八頁）。

これは本殿を設けた神社のあり方に近い。至聖所への怖れの感覚も、古代の日本人が祭祀で感じたものに近い。しかし、ユダヤ人が信仰した神が至聖所に鎮座しているとされたわけではない。

イスラム教では、信者が礼拝するとき、メッカの方角にむかってそれを行う。メッカには、「マスジド・ハラーム」という巨大なモスクがあり、その中心にはカアバ神殿が存在している。

第3章で述べたように、カアバ神殿は、イスラム教以前から存在するもので、かつてはそこに各部族の神が祀られていた。ムハンマドはそれを一掃したと伝えられている。したがって、カアバ神殿の内部には何もない。巡礼者は、その壁に塗り込められた黒い石にふれようとするが、それが神体というわけではない。

少なくともカアバ神殿のなかに神がいると考えられているわけではない。神は姿を持たない存在として世界に遍在していると考えられている。イスラム教徒は、カアバ神殿に常在する神に祈っているわけではなく、それは礼拝のための目処に過ぎないのである。

その点で、神道における現在の神の祀り方はかなり特殊なものと言える。ただそれは、原点となる時代からそうだったわけではなく、歴史の流れのなかで生み出されてきたものである。

本殿に神が鎮座するとされたことで、神と私たちとの間は大きく隔てられるようになってきた。私たちは、容易に本殿には近づけないからである。神は神職に独占された形になり、一般の人間が直接に接することが難しいものに変化してしまっている。

祀り手ということを考えても、昔は専門の神職のいる神社は限られていた。神仏習合の時代には、神宮寺などの僧侶が神社を管理し、神殿の前で読経することで神を祀ってきた。一般の地域の神社ともなれば、専門の神職はおらず、地域の人々が交替で神主役を務めていた。そうした伝統が受け継がれている神社は今でも存在する。

神を狭い空間から解き放つ。

今求められているのは、それかもしれない。

神社には鎮守の森が形成され、それによって俗界と区別されている。そうした森があることで、その内部は、特別な空間、神秘的な場であると感じられる。

現在は、鎮守の森のなかに、神殿が設けられているのだが、果たしてそれは絶対に必要なものなのだろうか。もし鎮守の森のなかに、ただ磐座があったとしたら、むしろそのときにこそ、私たちは神が存在していると感じるのではないだろうか。

それこそが、神道において原点に戻るということである。私がイメージするのは、第3章で紹介した出雲大神宮に伝わる「出雲神社牓示図」に描かれた光景である。そこには神体山があり、その麓には鳥居だけが描かれている。神体山のなかには磐座があり、それは現在でも残されている。

私がこの図の存在を知ったのは、二〇一三年に東京国立博物館で開かれた「国宝　大神社展」のときだった。それ以来、幾度となく自分の著作でも出雲大神宮の許可を得て、図を掲載させてもらっている。その後、実際に現地を訪れ、磐座にも参拝した。

神体山や鎮守の森があり、そこには磐座や鳥居以外何もない。もし、そうした空間があったとしたら、私たちはどういった感覚を抱くことになるだろうか。仮に伊勢神宮の境内がすべて森になっていて、そこに足を踏み入れたとしたら、私たちは今以上に神秘な感覚に包まれ、神の実在を感じることになるのではないだろうか。

東京の中心的な神社と言えば、明治神宮である。明治神宮は、明治天皇夫妻を祭神として大正時代に創建されたものだが、国民の献木によって鎮守の森が形成されている。植林が計画的になされたこともあって、大都会のなかにあって特異な空間を形作っている。明治神宮の創建が古代だと考える人間もいるようだが、そうした錯覚が起こるのも無理のないところである。

もしも明治神宮が、社殿を持たない鎮守の森であったとしたら、東京の人間は、そこに足を踏み入れることで、大いなる癒しを得ることができるはずだ。それこそが、現代における神との出会い方であるのかもしれない。

それは、近年において、「パワースポット」が流行していることともかかわってくる。人々が求めているのは、特別な力を感じさせてくれる場所にふれることである。社殿のない神社は、そうした要望を十分に満たしてくれるはずなのである。

日々の生活を送っているところのすぐ近くに特別な場所がある。その場所は癒しを与えてくれ、これからの生活にささやかな希望を与えてくれる。私たちが今求めているのは、そうした神社であり、神道のあり方ではないだろうか。

社殿のない神社など想像できない。そのように考える人も多いだろう。

ところが、そうした神社が実際に出現しているのである。しかもその場所は、日本の繁華街の中心、銀座である。

銀座六丁目にはギンザコマツというビルがある。以前そこは小松ストアーと呼ばれていたが、二〇一二年に改築された。小松ストアー時代にも屋上には社があったようだが、改築を機に、大神神社から神が勧請された。

それにともなって、大神神社にならう形で、社の建物はなく、磐座だけが祀られている。その前には、大神神社特有の三つ鳥居が建っている。

銀座であり、周囲にはほかのビルが林立しているため、大神神社を彷彿とさせるところまではいかないが、こうした形態の神社が大都会の真ん中に出現したことには大きな意味があるのではないだろうか。

それぞれの宗教が説いてきたもっとも重要な事柄は、死がすべての終わりではないということである。死の先には再生がある。再生がどのようになされるかについては、宗教によって異なることが説かれてきた。けれども、再生への希望を与えることで宗教が人々に信仰されてきた点は共通する。

逆に言えば、再生のためには死が必要だということでもある。神が死んだときこそ再生への期待が高まる。人類は、それをくり返してきた。

そして、再生への道は、原点に立ち戻ることによって実現される。社殿のない神社の出現が重要な意味を持っているのは、そこに、日本人の神道を再生させる方向性が示されているからである。

あとがき

私たちは神道を信仰しているのだろうか。

そのような問いを立てたとき、私たちは答えることに難しさを感じる。

実際、宗教にかんする世論調査でも、神道を信仰していると答える日本人の割合は相当に少ない。全体の二パーセント程度である。

私たちが神道を宗教としてとらえることにためらいを覚えるのも、これが関係する。果たして神道は信仰対象になるものだろうか。そのような疑問が湧いてくるからである。特定の宗教を信仰している人たちを除いた一般の日本人にとって、神道は身近で、日常の暮らしに溶け込んでいる。正月になれば、初詣に神社に赴き、社殿の前で手を合わせるが、それは風習であり、ことさら宗教行為として意識することはない。

子どもが生まれた時に、神社に初参りに出かけるのもそれと同じだ。それで赤ん坊を神道の信者にしたとは、親は考えない。

そもそも神道は信仰の対象になるものなのだろうか。教団を組織しているものは別だが、神道が信仰対象として意識されることはない。

神道は、私たちの身近にあり、ごく自然なものである。宗教には、それをわざわざ選び、それだけを信仰するというイメージがあるが、神道にはそれがない。

それも、神道には開祖も教えも聖典も存在しないからだ。そこで私は、神道を「ない宗教」と呼んできた。そこには神道は宗教ではないという含みもある。

教えがない以上、私たちは神道に縛られることはない。また、自分を救ってくれるよう強く願うこともない。宗教には救済の手立てがあり、それが決定的に重要だが、神道はそれもないのだ。

神道がそうした性格を持っている以上、神道の神についても、私たちはあえて信じているかどうかを問題にしない。

神が存在するかどうかを、理詰めで考える必要はない。それは自然にあるもので、私たちはそうした神といつの間にか自然に交わるようになっている。

大切なのは、その自然さなのである。

いかに、神道の自然さを失わないようにするか。問題はそこにあるのかもしれないのである。

二〇二二年四月一五日

島田　裕巳

ちくま新書
1659

日本《にほん》人《じん》の神道《しんとう》
――神《かみ》・祭祀《さいし》・神社《じんじゃ》の謎《なぞ》を解《と》く

二〇二二年六月一〇日　第一刷発行

著者　島田裕巳（しまだ・ひろみ）
発行者　喜入冬子
発行所　株式会社 筑摩書房
東京都台東区蔵前二-五-三　郵便番号一一一-八七五五
電話番号〇三-五六八七-二六〇一（代表）
装幀者　間村俊一
印刷・製本　三松堂印刷 株式会社

ISBN978-4-480-07486-7 C0214

ちくま新書

936 神も仏も大好きな日本人 島田裕巳

日本人はなぜ、無宗教と思いこんでいるのか？ 神道と仏教がどのように融合し、分離されたか、その歴史をたどることで、日本人の隠された宗教観をあぶり出す。

1329 京都がなぜいちばんなのか 島田裕巳

京都の神社仏閣にはそれぞれに歴史と、謎がある。その謎を解いていくことで、京都のいまだ隠された魅力を見つけ、人を惹きつけてやまない源泉を明らかにする。

1452 千家尊福と出雲信仰 岡本雅享

幕末に生まれ、出雲大社の国造として生き神様と呼ばれた千家尊福（せんげたかとみ）。埼玉・静岡県知事、東京府知事も務め声望を集めた、希代の偉人の生涯を辿る。

744 宗教学の名著30 島薗進

哲学、歴史学、文学、社会学、心理学など多領域から宗教理解、理論の諸成果を取り上げ、現代における宗教的なものの意味を問う。深い人間理解へ誘うブックガイド。

1081 空海の思想 竹内信夫

「密教」の中国伝播という仏教の激動期に入唐した空海は何を得たのだろうか。中世的「弘法大師」信仰を解体し、空海の言葉に込められた「いのちの思想」に迫る。

1145 ほんとうの法華経 橋爪大三郎 植木雅俊

仏教最高の教典・法華経が、サンスクリット原典から全面改訳された。植木雅俊によるその画期的な翻訳の秘密に橋爪大三郎が迫り、ブッダ本来の教えを解き明かす。

1170 宗教に関心がなければいけないのか 小谷野敦

宗教に関心を持ちきれなかった著者による知的宗教遍歴から、道徳、死の恐怖との向き合い方まで、「宗教にぴんと来ない人」のための宗教入門ではない宗教本！

1201
入門　近代仏教思想
碧海寿広
近代日本の思想は、西洋哲学と仏教の出会いの中に生まれた。井上円了、清沢満之、近角常観、暁烏敏、倉田百三らの思考を掘り起こし、その深く広い影響を解明する。

1218
柳田国男
――知と社会構想の全貌
川田稔
狭義の民俗学にとどまらない「柳田学」はいかにして形成されたのか。農政官僚から学者へと転身するなかで紡がれた社会構想をはじめ、壮大な知の全貌を解明する。

1244
江戸東京の聖地を歩く
岡本亮輔
歴史と文化が物語を積み重ね、聖地を次々に生み出してきた江戸東京。神社仏閣から慰霊碑、墓、塔、スカイツリーまで、気鋭の宗教学者が聖地を自在に訪ね歩く。

1273
誰も知らない熊野の遺産〈カラー新書〉
栂嶺レイ
世界遺産として有名になったが、熊野にはまだ手つかずの風景が残されている。失われつつある日本の、日本人の原型を探しにいこう。カラー写真満載の一冊。

1284
空海に学ぶ仏教入門
吉村均
空海の教えにこそ、伝統仏教の教義の核心が凝縮されている。弘法大師が説く、苦しみから解放される心のあり方「十住心」に、真の仏教の教えを学ぶ画期的入門書。

1296
ブッダたちの仏教
並川孝儀
仏教は多様な展開を含む複雑な宗教である。歴史上のブッダへ実証的にアプローチし、「仏」と「法」という二つの極から仏教をとらえなおすダイナミックな論考。

1326
仏教論争
――「縁起」から本質を問う
宮崎哲弥
和辻哲郎や三枝充悳など、名だたる知識人、仏教学者が繰り広げた、縁起をめぐる戦前・戦後の論争。犀利な分析を通して、その根本を浮かび上がらせた渾身作！

ちくま新書

1330 神道入門 ――民俗伝承学から日本文化を読む 新谷尚紀

神道とは何か。古代の神祇祭祀に仏教・陰陽道・道教など多様な霊験信仰を混淆しつつ、国家神道を経て今日の形に至るまで。その中核をなす伝承文化と変遷を解く。

1370 チベット仏教入門 ――自分を愛することから始める心の訓練 吉村均

生と死の教えが世界的に注目されているチベットの仏教。その正統的な教えを解説した初めての入門書。基礎的な知識から学び方、実践法までをやさしく説き明かす。

1403 ともに生きる仏教 ――お寺の社会活動最前線 大谷栄一編

「葬式仏教」との批判にどう応えるか。子育て支援、グリーフケアと終活、アイドル育成、NPOとの協働、貧困対策。社会に寄り添う仏教の新たな可能性を探る。

1450 日本の民俗宗教 松尾恒一

大嘗祭、ねぶた、祇園祭り……。「日本の伝統」はいかに作られたのか。古代から現代まで、外来文化との混淆や対立により形成された日本の民俗信仰の変遷を追う。

1527 新宗教を問う ――近代日本人と救いの信仰 島薗進

創価学会、霊友会、大本、立正佼成会――。なぜ日本では新宗教がかくも大きな存在になったのか。現代の救済のかたちを問う、第一人者による精神文化研究の集大成。

1581 廃仏毀釈 ――寺院・仏像破壊の真実 畑中章宏

明治の神道国教化により起こり、「寺院・仏像を破壊する熱狂的民衆」というイメージが流布する廃仏毀釈。実際はどんなものだったのか。各地の記録から読みとく。

1598 キリスト教とシャーマニズム ――なぜ韓国にはクリスチャンが多いのか 崔吉城

韓国文化に根付くシャーマニズムがキリスト教伸張につながり、クリスチャン大国となっていった。読めば、K-POP、韓国ドラマ、映画がもっとおもしろくなる。

ちくま新書

1399
問い続ける力
石川善樹
「自分で考えなさい」と言われるが、何をどう考えればいいのだろうか？　様々な分野の達人9人をたずね、それぞれの問いのたて方、そして問い続ける力を探り出す。

1491
考え続ける力
石川善樹
「考える」とは何か？　安宅和人、濱口秀司、大嶋光昭、小泉英明、篠田真貴子ら「考え続ける賢人」の頭の中をのぞき見る。「思考シリーズ」新書第2弾。

1354
国語教育の危機
——大学入学共通テストと新学習指導要領
紅野謙介
二〇二一年より導入される大学入学共通テスト。高校国語教科書の編集に携わってきた著者が、そのプレテスト問題を分析し、看過できない内容にメスを入れる。

1386
大学の未来地図
——「知識集約型社会」を創る
五神真
高等教育機関たる大学は知の集積拠点である。価値創造の上でも力を発揮する大学は、日本の未来にとっても重要な役割を果たす。その可能性を説く新時代の大学論！

1451
大学改革の迷走
佐藤郁哉
シラバス、PDCA、KPI……。大学改革にまつわる政策は理不尽、理解不能なものばかり。なぜそういった改革案が続くのか？　その複雑な構造をひもとく。

1455
ことばの教育を問いなおす
——国語・英語の現在と未来
鳥飼玖美子
苅谷夏子
苅谷剛彦
大学入学共通テストへの記述問題・民間試験導入などで揺れ動く国語教育・英語教育。ことばの教育はどうあるべきなのか、3人の専門家がリレー形式で思考する。

1468
国語教育　混迷する改革
紅野謙介
実用文と複数資料を扱う「大学入学共通テスト」の構造的欠陥とは。論理と文学を切り分けた「新学習指導要領」の行方は。歪められつつある国語教育の未来形を考える。

ちくま新書

1473
危機に立つ東大
——入試制度改革をめぐる葛藤と迷走
石井洋二郎

秋季入学構想の加速、英語民間試験をめぐる問題……日本のリーディング大学で何が起こっていたのか？　改革の経緯を見直し、大学のあるべき姿を提示する。

1511
学力格差を克服する
志水宏吉

学力格差の実態はどうなっているのか？　それを克服するにはどうすればよいのか？「学力保障」の考え方や学校の取り組みなどを紹介し、解決に向け考察する。

1549
日本の教育はダメじゃない
——国際比較データで問いなおす
小松光
ジェルミー・ラプリー

「いじめや不登校」「ゆとり教育の失敗」……日本の教育への数々の批判は本当なのか？　気鋭の2人が国際比較データを駆使して教育問題に新たな視点を提供する。

1571
デジタルで変わる子どもたち
——学習・言語能力の現在と未来
バトラー後藤裕子

スマホ、SNS、動画、ICT教育……デジタル技術の発展で急速に変化する子どもの学習環境。最新研究をもとにデジタル時代の学びと言語能力について考察する。

1605
入試改革はなぜ狂って見えるか
物江潤

総合学習、多面的評価、高大接続……。教育や入試の改革はなぜいつも見当違いばかりなのか。理想と現実のはざまで混乱する議論に惑わされないための視点とは。

1625
政策起業家
——「普通のあなた」が社会のルールを変える方法
駒崎弘樹

「フローレンスの病児保育」「おうち保育園」「障害児保育園ヘレン」等を作ってきた著者の、涙と笑いの闘いの記録。政治家や官僚でなくてもルールを変えられる！

1200
「超」入門！　論理トレーニング
横山雅彦

「伝えたいことを相手にうまく伝えられない」のはなぜか？　日本語をロジカルに運用し、論理思考をコミュニケーションとして使いこなすためのコツを伝授！